PLAN FOR
TOMORROW

PLAN FOR
TOMORROW

돈을 모으고 굴리는 가장 현실적인 처방전, 만년형 필사 가계부

로또맘 지음

동양북스

프롤로그 가계부를 쓰면 특별한 세상이 펼쳐진다

지금 우리는 기록의 시대에 살고 있습니다. 스마트폰으로 어디서나 찰나의 순간을 사진과 영상으로 기록하고, 오늘 무엇을 먹었는지, 누구를 만났는지, 돈을 어디에 얼마나 썼는지까지 손쉽게 기록하지요.

하지만 기록만 쌓아두면 아무 의미 없습니다. 그 기록을 들여다보고, 내일을 다르게 계획할 때 변화가 시작됩니다. 그래서 저는 가계부를 쓰기 시작했습니다. 소비 내역을 하나하나 직접 쓰고, 오늘과 어제의 기록을 비교하며 내일을 계획했지요. 그러자 특별한 세상이 펼쳐졌습니다.

많은 사람이 가계부를 '절약을 위한 도구'로만 여깁니다. 하지만 절약에만 집중하면 오히려 마음의 여유를 잃게 됩니다. 가계부의 목적은 절약이 아니라, 지금보다 더 풍요로운 삶을 만드는 데 있습니다.

어떤 일을 3주간 매일 반복하면 꾸준히 해낼 힘이 생기고, 3개월 동안 한결같이 해내면 1년도 거뜬하다고 합니다. 저는 이 작은 믿음을 가지고 가계부를 쓰기 시작했고 그 믿음은 현실이 되었습니다.

저는 20년 넘게 가계부를 써왔습니다. 여러 번 시행착오를 겪으며, 예산과 잔액을 한눈에 파악할 수 있는 체계를 만들었고, 통장을 여러 개로 쪼개지 않아도 효율적으로 자산을 관리하는 방법을 터득했지요.

그 결과, 여유롭게 소비해도 돈이 남았습니다. 그때 깨달았습니다. 가계부는 그저 지출 기록장이 아니라, '돈이 모이는 특별한 세상'을 여는 열쇠라는 사실을요.

저는 많은 사람에게 이처럼 특별한 세상을 공유했습니다. 가계부를 처음 쓰는 사람, 매번 쓰다가 포기했던 사람, 꾸준히 가계부를 쓰지만 자산을 불리는 데 실패했던 사람까지. 그들은 '다시' 가계부 쓰기에 도전했고, '꾸준히' 해냈고, '마침내' 인생을 바꾸었습니다. 그런 분들을 볼 때면 가계부의 진정한 가치를 실감하곤 합니다.

가계부는 단순히 지출 내역만 정리하는 도구가 아닙니다. 마음을 다잡아주는 루틴이자, 삶을 탄탄하게 만드는 작은 계기이며, 자신을 믿고 꾸준히 살게 하는 힘이기도 합니다.

부디 이 책이 더 나은 내일을 위한 시작점이 되었으면 좋겠습니다. 기억하세요. 가계부를 쓰면 특별한 세상이 펼쳐집니다.

차례

프롤로그 ♦ 가계부를 쓰면 특별한 세상이 펼쳐진다   4
로또맘 가계부 작성법   8

1장 생활비 관리에서 투자까지 한 번에

항상 생활비가 부족한 이유   20
돈이 야금야금 새는 6가지 생활 습관   22
돈 관리의 기본, 50/30/20 법칙   25
★ 재미와 소비 습관을 모두 잡는 무지출 데이 챌린지   27
투자 공부, 출퇴근길 10분이면 충분하다   28
초보 투자자를 위한 7가지 선택지   30
나는 어떤 투자자일까?   33
★ 투자는 정보전! 투자하기 전에 꼭 둘러봐야 할 사이트   36

2장 가계부로 단 3주 만에 인생을 바꾸다

목표를 세우면 돈은 따라온다   40
돈 관리, 첫 단계에서 제대로 잡자! 가계부 쓰기 전에 꼭 확인해야 할 것들   43
1주 차, 소비 습관 파악하기   45
2주 차, 불필요한 지출을 줄이고 예비비 준비하기   48
3주 차, 예산 계획 짜기   50
★ 가계부 초보를 위한 '오늘의 한 줄'   52

3장 복권 당첨금만큼 돈이 모이는 가계부 쓰기

순자산 현황 파악하기
중요 이벤트
연간 예비비 파악하기
고정비 파악하기
한눈에 보는 재정 목표와 계획
첫 번째 달 가계부　`Weekly 필사`
두 번째 달 가계부　`Weekly 필사`
세 번째 달 가계부　`Weekly 필사`
네 번째 달 가계부　`Weekly 필사`
다섯 번째 달 가계부　`Weekly 필사`
여섯 번째 달 가계부　`Weekly 필사`
지난 6개월간 투자 돌아보기
일곱 번째 달 가계부　`Weekly 필사`
여덟 번째 달 가계부　`Weekly 필사`
아홉 번째 달 가계부　`Weekly 필사`
열 번째 달 가계부　`Weekly 필사`
열한 번째 달 가계부　`Weekly 필사`
열두 번째 달 가계부　`Weekly 필사`
지난 6개월간 투자 돌아보기
목표 달성 확인하기
1년 결산
생애 주기표

로또맘 가계부 작성법

❶ 순자산 파악표, 중요 이벤트

비유동자산
- 부동산이나 연금처럼 당장 현금화하긴 어렵지만, 장기적으로 큰 가치를 갖는 자산입니다.
- 은퇴 준비, 자녀 교육 같은 장기 재무 목표에서 중요한 역할을 합니다.

유동자산
- 예금, 적금, 주식처럼 필요할 때 비교적 쉽게 현금화할 수 있는 자산을 말합니다. 갑작스러운 지출이나 투자 기회에 대응할 수 있습니다.
- 비상자금으로 일정 금액을 준비해 놓으면, 대출에 의존하지 않고도 안정적인 생활을 유지할 수 있습니다.

부채
- 앞으로 갚아야 할 돈입니다. 대출, 신용카드 할부금, 미납금 등이 지나치게 많으면 자산을 키우기 힘듭니다.
- 특히 금리가 높은 부채는 우선적으로 줄여야 합니다.

순자산 파악표

구분	항목	내용	금액
비유동자산	부동산	전세금	1억 원
	연금 (개인연금, 퇴직연금, 국민연금 등)		
유동자산	예금	비상금 통장 주거래 통장	150만 원 270만 원
	적금	A적금 B적금	800만 원 350만 원
	투자 (주식, 펀드, 코인, 연금저축 등)	펀드	250만 원
부채	대출	전세자금 대출	8천만 원
	신용카드 할부금	TV 교체	80만 원
	미납금 (미납 공과금, 통신비 등)		
순자산	자산 - 부채		3,740만 원

10 월	11 월	12 월
동기 결혼식-10만 원		여행-50만 원

중요 이벤트

___월	___월	___월

중요 이벤트
- 한 해 동안 꼭 챙겨야 할 중요한 약속이나 일정을 적는 공간입니다.
- 여행, 결혼식, 가족 행사처럼 잊지 말아야 할 이벤트를 기록하세요.
- 자금이 필요한 일정이라면, 예상 금액도 함께 적으세요. 예산을 세울 때 도움이 됩니다.

순자산
- 총자산에서 부채를 뺀 금액을 말합니다.
- 순자산은 현재 재무 상태를 가장 정확하게 보여주는 지표로, 장기적인 목표를 세울 때 기준이 됩니다.

❷ 연간 예비비, 고정비

●----- 연간 예비비 파악하기

항목	작년	지난 3년간 평균	올해 예상
가족 행사비 (생일, 명절, 어버이날, 어린이날 등)	230만 원	200만 원	350만 원 *어머니 칠순
경조사비	100만 원	80만 원	80만 원
병원비			
여행비			
차량 유지비 (자동차세, 수리비, 검사비 등)			

연간 예비비
- 지난 3년의 평균 비용과 작년 비용을 파악해 올해 예상 비용을 적습니다.
- 예상 비용을 기준으로 매달 조금씩 나눠 모으면 부담이 줄어듭니다.
- 자동차세나 재산세처럼 매년 정해진 때에 나가는 세금도 파악해 예비비로 모으면 좋습니다.

고정비 파악하기

항목	지난 3개월 평균	올해 예상
주거비	매월 100만 원	매월 100만 원
보험비	매월 20만 원	매월 25만 원 *아이 보험 추가
대출 상환금		
공과금		
기타 (가족 용돈, 모임비 등)		

고정비
- 매달 고정적으로 나가는 비용을 정리하며, 혹시 불필요하게 나가는 고정비는 없는지 파악해보세요.
- 고정비가 늘어나면 저축이나 투자에 넣을 수 있는 금액이 자연스레 줄어듭니다. 따라서 소득의 일정 비율로 고정비의 상한선을 정해두는 것이 좋습니다.

TIP

고정비 지출일은 되도록 한날에!

고정비 결제일이 흩어져 있으면 한 달 자금 흐름을 파악하기 어렵습니다. 한 달 예산을 관리하기 쉽도록 '월급날 직후'처럼 기준일을 정해 고정비가 빠져나가게 해보세요. 그러면 남은 금액으로 예산을 더 쉽게 계획할 수 있습니다.

❸ 월간 달력 활용법

쓸 수 있는 금액 파악하기
- 이번 달 수입과 필수 지출비를 적습니다. 그다음 수입에서 저축과 투자 금액, 필수 지출비를 뺀 금액을 파악합니다. 그 금액이 바로 이번 달 예산이 됩니다.

10월

MON	TUE	WED	TH
		1	2
6 추석	7	8 대체 휴일	9 한글날
13	14 중학교 친구들 모임	15	16
20	21	22	23
27	28	29	30

일정 기록
- 이번 달의 약속과 행사를 적습니다. 매월 초, 이달의 일정을 정리하면 예산을 짜는 데 도움이 됩니다.
- 특히 경조사나 여행처럼 큰돈이 드는 일정은 예상 비용을 미리 계산해 보세요. 그러면 그 달의 식비나 여가비 같은 변동비를 조절해 월 예산 안에서 생활할 수 있습니다.

수입	필수 지출	이번 달 예산
350만 원	150만 원	200만 원

FRI	SAT	SUN	이번 달 예산	
	4	5	식비	
				70만 원
			생활용품비	
				20만 원
	11	12	문화생활비	
				10만 원
			교통비	
				7만 원
	18	19		
				원
				원
	25	26		
				원
				원
				원

이번 달 예산 짜기
- 각 항목별 이번 달 예산을 적습니다. 이렇게 예산을 짜면 통장을 여러 개로 나누지 않아도 효율적으로 돈을 관리할 수 있습니다.
- 월 예산을 주 단위로 나누면 한 주에 쓸 수 있는 한도가 명확해져 계획적으로 지출할 수 있습니다.

TIP

적자일 때 생활비 마련법

만약 이번 달 예산이 마이너스라면, 우선 예비비나 비상금으로 생활비를 충당하세요. 따로 모아둔 돈이 없다면 이번 달만큼은 저축액을 줄여 생활비로 쓰는 것이 현실적인 방법입니다. 단, 이때는 변동비를 최대한 줄여 추가 적자가 생기지 않도록 관리해야 합니다.

❹ 주간 가계부 활용법

이번 주 소비 만족도
- 이번 주 소비를 돌아보며 만족도를 체크합니다.
- 특히 '후회'에 표시한 주에는 후회되는 지출 내역을 형광펜으로 표시해 두면 비슷한 지출을 줄이는 데 도움이 됩니다.

항목별 지출
- 한 주를 시작할 때 항목별로 이번 주 예산을 적고 지출 내역을 기록합니다.
- 이번 주 예산, 지출 합계, 예산 잔액을 한눈에 확인할 수 있도록 구성했습니다. 이번 주에 적자가 난 항목은 다음 주 지출을 줄여 월 예산 안에서 생활할 수 있게 관리하세요.

지출 합계, 예산 잔액
- 지출 합계 칸에서는 항목별 이번 주 지출 총액을 구할 수 있습니다. 요일별 지출 총액은 '이번 주 결산'으로 확인해 보세요.
- 이번 주에 남은 예산 잔액은 다음 주 잔액에 더해 계산하세요. 만약 예산이 많이 남을 경우, 중간에 적금을 해도 좋습니다.
  단, 부족하다고 비상금 통장에서 예산을 더 보태는 일이 없도록 주의해야 합니다.

이번 주 소비 만족도　　　○ 만족　✓ 보통　○ 아쉬움　○ 후회

항목	식비	생활용품비	문화생활
이번 주 예산	140,000원	400,000원	20,000원
MON / 6		샴푸 9,800원	
TUE / 7	점심 약속 50,000원	티슈 8,340원	
WED / 8	양지 국거리 19,980원		영화 15,000원
THU / 9	오이 2개 2,980원		
FRI / 10			
SAT / 11			
SUN / 12			
지출 합계	원	원	
예산 잔액	원	원	

Weekly 필사

부자는 '내 인생은 내가 만든다'라고 믿고, 가난한 사람은 '인생은 그저 나에게 일어나는 일'이라고 믿는다.

— T. 하브 에커

투자 공부한 날
- 이번 주에 며칠 동안 투자 공부를 했는지 체크합니다. 경제 기사를 읽거나, 주식·부동산 등 관련 영상이나 책을 본 일수를 표시하면 됩니다.

Weekly 필사
- 매주 명언을 따라 적으며, 돈과 삶을 대하는 태도를 돌아보세요. 필사하는 과정에서 돈 관리의 원칙을 자연스럽게 새길 수 있습니다.

❺ **투자 돌아보기**

지난 6개월간 투자 돌아보기

상품 종류	투자 시작월	투자금	현재 가치	손익	상태 (보유/매도)
○○전자	2월	300,000원	315,000원	+15,000원 (+5%)	보유중
금 반 돈	5월	240,000원	278,000원	+38,000원 (+15.83%)	보유중
△△바이오	3월	60,000원	30,000원 (매도일 기준)	-30,000원 (-50%)	매도

MEMO

투자 내역 정리
- 지난 6개월간의 투자 성과를 살펴봅니다. 투자 항목과 투자금, 손익 등을 정리합니다. 작성하는 날에 아직 보유 중이라면 현재의 가치와 손익을 적고, 만약 매도했다면 매도할 당시의 가치와 손익을 적습니다.

| 지난 6개월간 총투자금 | 60만 원 |

가장 만족한 투자와 그 이유

○○전자:
내 인생의 첫 투자! 새로운 도전을 했다는 사실만으로도 만족하지만,
수익까지 내니 더 좋다.

가장 아쉬웠던 투자와 그 이유

△△바이오:
많이 오를 것이라 기대하고 투자했는데, 투자 직후 떨어졌다.
좀 더 공부하고 도전할 걸 그랬나 보다.

앞으로의 투자 방향

미국 주식도 도전해보고 싶다.

> **투자 돌아보기**
> • 투자 성과를 살펴본 뒤, 가장 만족한 투자와 아쉬웠던 투자가 무엇인지 적습니다. 그리고 앞으로 투자 방향을 어떻게 잡으면 좋을지 계획도 간단히 세워 봅니다.

TIP

6개월마다 투자 전략 돌아보기

투자 상황을 너무 자주 점검하면 단기 흐름에 흔들릴 수 있고, 너무 오랫동안 방치하면 중요한 변화를 놓칠 수 있습니다. 따라서 되도록 6개월에 한 번씩 점검하며, 필요에 따라 전략을 조정하는 것이 좋습니다.

• 1장 •

생활비 관리에서
투자까지 한 번에

항상 생활비가 부족한 이유

"가계부를 꾸준히 쓰는데도 늘 생활비가 부족해요."

많은 사람이 제게 이런 고민을 털어놓습니다. 실제로 대부분의 직장인이 월급날에는 두둑한 통장에 설레지만, 그 설렘은 대개 한 주도 가지 못합니다. 금세 '이번 달 월급도 통장을 스쳐 지나갔어'라며 한숨만 쉬지요. 도대체 왜 매번 생활비가 부족할까요? 그 이유는 크게 세 가지입니다.

❶ 예산을 짜지 않는다

늘 생활비가 부족한 사람들에게는 한 가지 공통점이 있습니다. 바로 예산을 세우지 않고 돈을 쓴다는 점입니다. 아무리 수입이 많아도 계획 없이 돈을 쓰면 통장은 금세 바닥나기 쉽습니다. 반대로 수입이 많지 않아도 예산만 잘 세우면 원하는 만큼 돈을 쓰고 남길 수 있지요.

가계부는 현명한 소비를 도와줄 최고의 도구입니다. 항목별로 월간·주간 예산을 세우고, 그 안에서 쓰는 습관을 들이면 생활비가 부족할 일이 없지요. 더 나아가 예산을 남길 수도 있습니다.

❷ 소비를 정확히 파악하지 못한다

'이번 달은 왜 이렇게 카드값이 많이 나왔지?' 이런 의문은 대부분 내역서를 살펴보면 풀립니다. 무심코 썼던 소비들이 하나둘 떠오르지요. '하루 한 잔은 괜찮겠지'라고 생각했던 저렴한 커피, 이번 달만 특별히 샀던 고급 브랜드 제품, 그리고 꼭 필요한지 고민도 하지 않았던 정기 구독과 소소한 지출들. 이러한 지출이 쌓이면 생활비는 눈 깜짝할 새 사라집니다.

사실 소비는 수입보다 관리하기 쉽습니다. 월급을 올리기보다 외식 한 번 줄이는 것이 더 쉽지요. 그러니 돈을 어디에 얼마나 쓰고 있는지 정확히 파악해보세요. 만약 불필요하게 많이 쓰는 부분이 있다면 예산 안에서 소비하는 연습을 해야 합니다.

❸ 가계부를 적기만 할 뿐, 되돌아보지 않는다

가계부를 쓰기 시작했다면 이미 자산 관리의 첫걸음을 내디딘 것입니다. 하지만 '적기만 하는 가계부'는 반쪽짜리에 불과합니다.

지난달 기록을 보며 불필요했던 지출은 없었는지 돌아보고, 이번 달에는 어떻게 예산 안에서 생활할지 전략을 세워야 합니다.

실제로 가계부를 쓰며 돈을 차곡차곡 모은 사람들은 '기록'보다 '되돌아보기'에 더 많은 시간을 썼습니다. '이번 주에 예상보다 많이 쓴 항목은 무엇일까?', '이번 달 남은 잔액은 어디에 투자하면 좋을까?'를 생각해보면 다음 달 계획을 세울 수 있고, 그 계획은 '투자금 확보'라는 구체적인 결과로 이어집니다.

돈이 야금야금 새는
6가지 생활 습관

매달 같은 수입을 벌어도 어떤 사람은 돈을 모으고 어떤 사람은 늘 빠듯하게 삽니다. 차이는 '생활 습관'에 있습니다. 적은 금액이라고 쉽게 쓰다 보면 큰돈을 한 번에 쓴 만큼의 타격을 받기 마련입니다.

더 여유로운 미래를 만들고 싶다면 돈을 새게 만드는 습관이 없는지 먼저 살펴봐야 합니다. 하나씩 확인해볼까요?

❶ 실제 데이터 사용량보다 비싼 휴대전화 요금제 쓰기

휴대전화 요금제는 한 번 정하면 몇 년씩 유지하는 경우가 많습니다. 그래서 지금 사용하는 요금제가 실제 사용량에 적절한지 따져봐야 합니다.

가령, 한 달에 데이터는 3GB밖에 쓰지 않는데 10만 원 정도의 비싼 요금제를 쓰고 있다면 매달 수만 원씩 그냥 버리고 있는 셈입니다.

휴대전화 요금제는 가장 쉽게 줄일 수 있는 고정비입니다. 그러니 지금 바로 통신사 앱에서 데이터를 얼마나 쓰는지 확인해보세요. 혹시 사용량에 비해 비싼 요금제를 쓰고 있다면 주저하지 말고 요금제를 바꿔야 합니다.

❷ 안 쓰는 구독 서비스 내버려두기

각종 OTT, 클라우드, 휴대전화 앱 등 구독 서비스가 많아졌습니다. 그런데 구독하는 서비스들을 모두 꾸준히 사용하고 있나요? 혹시 안 쓰는데 돈만 내고 있지는 않나요? 구독료가 부담스러운 금액은 아닐지라도 계속 둔다면 꽤 큰돈을 버리게 됩니다. 지금 사용하지 않는 구독 서비스가 없는지 살펴보세요.

❸ 필요 없는 보험 유지하기

실손 보험이 있는데 비슷한 특약에 또 가입했거나, 자동차 보험을 '가족 누구나 운전 가능'으로 가입해 불필요하게 비싼 보험료를 내고 있지는 않나요? 이처럼 중복되거나 불필요한 보험 특약은 매달 고정비를 늘릴 뿐입니다. 주기적으로 보험 증권을 확인해 상황에 맞게 조정하세요.

❹ 할인에 혹해 필요 없는 물건 사기

종종 '하나 사면 하나 더', '오늘만 반값'에 혹해 필요 없는 물건을 사곤 합니다. 물론 때마침 필요했던 물건을 할인된 가격으로 산다면 좋은 소비입니다. 하지만 오직 할인한다는 이유로 사는 습관은 좋지 않습니다. 돈을 쓰기 전에는 항상 '지금 꼭 필요한가?'를 고민해보고 결정하세요.

❺ 고민하지 않고 배달 음식 시키기

하루 종일 일하고 돌아오면 요리할 체력도, 마음의 여유도 없습니다. 그러다 보니 '오늘만 시켜 먹자'라며 배달앱을 켜게 되지요. 하지만 그러면 식비는 걷잡을 수 없이 늘어납니다.

가령, 배달 음식 1인분이 1만 5천 원이라면 일주일에 세 번씩만 시켜도 한 달에 18만 원, 1년이면 200만 원이 넘습니다. 여기에 주말 외식까지 더해지면 식비는 더 늘어날 수밖에 없지요.

문제는 이런 소비가 습관이 된다는 점입니다. 조금 번거롭더라도 미션을 달성하듯, '이번 주 주말은 냉장고 속 재료로 한 끼 해결하기' 같은 작은 목표를 세워 도전해보세요. 식비 절약은 물론이고, 건강까지 함께 챙길 수 있습니다.

❻ 매일 커피 사기

아침마다 '카페인 수혈'을 외치며 카페에 들르는 사람이 많습니다. 하루를 시작할 때나 나른한 오후, 습관처럼 커피 한 잔이 떠오르지요. 물론 저렴한 카페들도 늘고 있지만, 매일 커피를 사다 보면 결국 고정비가 되고 맙니다. 그러니 이제 카페에 가는 대신 집에서 마실 것을 챙겨 나오면 어떨까요? 텀블러를 사용해 환경도 보호하고, 아낀 커피값은 투자금으로 모은다면 일석이조일 것입니다.

돈 관리의 기본, 50/30/20 법칙

돈을 아껴 써야 한다는 사실은 누구나 압니다. 다만, 어디까지 아끼고, 얼마나 써도 되는지 기준을 모르는 사람이 많지요. 이때 유용한 것이 바로 50/30/20 법칙입니다.

소득의 50%는 필수 지출에, 30%는 저축과 투자에, 20%는 자유 소비에 배분하는 것이 이 법칙의 핵심입니다. 하나씩 살펴볼까요?

먼저 전체 소득의 50%는 꼭 필요한 지출에 써야 합니다. 대표적으로 월세나 관리비, 식비, 교통비, 보험료, 공과금 등이 여기에 속합니다.

다음으로 30%는 저축과 투자에 써야 합니다. 여유로운 내일을 위해 반드시 준비해야 하는 영역이지요. 비상금 마련, 대출 상환, 적금, 연금, 펀드, 주식 같은 것들이 여기에 속합니다. 돈 관리를 시작하자마자 저축과 투자에 30%를 쓰기는 어려울 수도 있습니다. 그렇더라도 너무 걱정하지 마세요. 차근차근 비중을 늘려가도 괜찮습니다.

마지막 20%는 자유 소비입니다. 외식, 쇼핑, 문화생활, 취미 등 삶의 즐거움을 위한 지출이지요. 정해진 예산 안에서 즐겁게 쓸 줄도 알아야 건강하게 돈 관리를 할 수 있습니다. 그러니 20%는 가치 있게 소비하면서 돈과의 관계를 주도해보세요.

사실 50/30/20 법칙의 원래 비율은 '30% 저축과 투자, 20% 자유 소비'가 아니라 '30% 자유 소비, 20% 저축과 투자'입니다. 하지만 저는 이 비율을 바꿨습니다. 소득이 적을수록 저축과 투자의 비중을 높이고, 자유 소비를 줄여야 한다고 생각하기 때문입니다.

저는 온라인에서 가계부 챌린지를 진행하면서 지출의 기준을 세우지 않은 분들을 정말 많이 봤습니다. 아무런 기준도 없이 그저 아끼기만 하면 금방 포기하게 됩니다.

꼭 50/30/20이 아니어도 괜찮습니다. 핵심은 '기준'입니다. 나만의 확실한 기준을 세워 소비를 점검하고, 필요할 경우 비중을 조정해야 합니다. 그러니 아직 자신에게 맞는 기준을 모르겠다면 지금 말한 50/30/20으로 나눠보세요. 어떤 부분을 조정해야 할지 보일 것입니다.

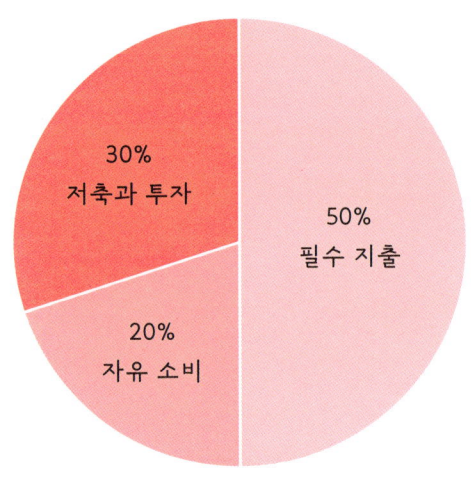

재미와 소비 습관을 모두 잡는
무지출 데이 챌린지

무지출 데이 챌린지는 하루 동안 돈을 전혀 쓰지 않는 간단한 소비 습관 개선법입니다. 사실 저는 무지출을 강조하지는 않습니다. 억지로 참았다가 소비 욕구가 폭발하거나, 필요한 물건을 제때 사지 못하면 나중에 더 큰 지출로 이어질 수 있기 때문입니다. 다만, 무리하지 않는 선에서 무지출 데이를 실천하면 안 좋은 소비 습관을 고치고 성취감도 느낄 수 있습니다.

처음에는 욕심내지 말고, 일주일에 하루만 도전해보세요. '무지출 성공일'이 하나둘 쌓이면 뿌듯함이 커지고, 충동 소비는 줄어들 것입니다.

TIP

1. 미리 '무지출 데이 메뉴'를 정해두세요. 냉장고 속 식재료로 간단히 만들어 먹을 수 있는 메뉴를 미리 정해두면 무지출 데이 성공 확률이 높아집니다.
2. 지출 유발 앱을 멀리하세요. 쇼핑앱, 배달앱 등을 무심코 켰다가 소비하는 경우가 많습니다.
3. '절약 요정'을 만들어보세요. 가족이나 친구에게 "오늘 무지출 데이야. 내가 돈을 쓰려고 하면 말려줘!"라고 부탁하면 소비를 막을 수 있습니다.

투자 공부, 출퇴근길 10분이면 충분하다

투자하기 전, 공부는 필수입니다. 아무것도 모른 채 투자를 시작하면 운 좋게 수익을 내더라도 오래 가기 어렵습니다. 하지만 매일 바쁜 일상을 보내며 투자 공부까지 하기란 쉽지 않지요.

그런데 사실 투자 공부는 출퇴근길 10분이면 충분합니다. 처음부터 깊이 파고들 필요도 없습니다. 내 돈을 어디에, 왜 투자할지 이유를 정리하기만 해도 충분합니다.

만약 투자에 대해 전혀 모른다면 출퇴근길에 딱 세 가지만 해보세요.

❶ 경제 뉴스 제목을 매일 훑어보기

일단 경제 뉴스 제목만이라도 살펴보세요. 경제 용어나 투자 관련 이슈를 전혀 모를 때 기사를 모두 이해하려 하다가 포기하는 경우가 많습니다. 그러니 처음에는 '환율', '금리', '인플레이션' 등의 키워드가 들어간 기사 제목만이라도 훑어보세요. 그러면 점차 경제 흐름이 보일 것입니다.

❷ 5분짜리 투자 설명 영상 보기

요즘은 투자 개념을 쉽게 설명해주는 유튜브 영상이 많습니다. 특정 종목을 추천해주는 영상보다는 경제 용어나 투자의 흐름 등을 이해하기 쉽게 설명해주는 영상이 더 좋습니다. 출퇴근길에 5분씩 영상을 보다 보면 나만의 투자 기준이 자연스럽게 생길 것입니다.

❸ 투자 앱에서 관심 종목 찜하기

무작정 종목을 매수하기 전에, 먼저 마음에 드는 종목을 '찜'해보세요. 그런 다음 주가가 경제 뉴스나 업종 이슈와 어떻게 맞물리는지 관찰해보면 투자 감각을 빠르게 익힐 수 있습니다.

이것들만 꾸준히 해도 투자와 친해질 수 있습니다. 그러니 이제부터 출퇴근길 10분을 '미래 수익 준비 시간'으로 바꿔보세요.

초보 투자자를 위한
7가지 선택지

투자를 처음 시작할 땐 누구나 막막합니다. 다양한 투자 방법 중에서 무엇이 좋을지, 어디에 얼마를 넣어야 할지 고민만 하다 시간이 흐르기 일쑤입니다. 이럴 땐 너무 조급해하지 말고, 먼저 자신에게 맞는 방법이 무엇인지부터 천천히 살펴보세요. 꼭 모든 방법을 시도해보지 않아도 괜찮습니다.

❶ 주식

기업의 성장 가능성에 투자하는 것으로, 가장 대중적인 방법입니다. 크게 국내 주식과 해외 주식으로 나눌 수 있습니다. 해외 주식 중에서는 특히 미국 주식을 많이 하지요. 다만, 주식은 주가의 등락이 크기 때문에 감정에 흔들리지 않도록 주의해야 합니다.

❷ ETF(상장지수펀드), 인덱스 투자

ETF는 여러 자산을 한데 묶어 만든 상품으로, 마치 하나의 주식처럼 사고팔 수 있습니다. 예를 들어 'S&P500 ETF'는 미국의 대표적인 500개 기업에 자동으로 분산 투자하는 구조입니다.

이처럼 특정 지수를 그대로 따라가는 방식을 '인덱스 투자' 또는 '지수 추종 투자'라고 표현합니다. 대표 지수를 추종하는 ETF는 비교적 안정적인 수익을 기대할 수 있어 초보 투자자에게 적합합니다.

참고로, ETF는 '상품 형식', 인덱스 투자는 '투자 방식'에 해당합니다. 그러나 초보자의 경우 ETF를 통해 인덱스 투자에 접근하는 경우가 많아 함께 설명했습니다.

❸ 적립식 펀드

정기적으로 일정 금액을 펀드에 투자하는 방식입니다. 분할 매수 구조이기 때문에 투자 타이밍에 대한 부담이 적습니다. 또한 꾸준히 자산을 쌓아가는 데 적합해서 투자 경험이 적은 초보자가 하기에 좋습니다.

❹ REITs(부동산투자신탁)

건물이나 쇼핑몰, 물류센터 등에 간접 투자하는 방식입니다. 소액으로도 부동산 수익을 얻을 수 있으며, 상장된 REITs는 주식처럼 쉽게 거래가 가능합니다. 또한 배당 수익을 기대할 수 있어 인기가 많으며, 부동산을 직접 관리하지 않아도 된다는 장점이 있습니다. 다만, 부동산 시장 상황에 따라 가격이 변동될 수 있다는 점도 함께 고려해야 합니다.

❺ 부동산(소액 경매 및 청약 등)

부동산에 투자하려면 큰 금액이 필요하다고 생각하기 쉽습니다. 그러나 소액 경매나 청약 제도를 활용하면 조금 더 가볍게 접근할 수 있습니다. 다만, 반드시 미리 공부해야 합니다. '법원경매정보(www.courtauction.go.kr)' 사이트에서 경매 용어나 절차를 공부해보는 것도 도움이 됩니다.

❻ 금

금은 인플레이션이나 금융 위기 같은 상황에서 자산을 지켜주는 대표적인 실물 자산입니다. 초보자도 금 ETF, 금 통장, 금 펀드 등을 활용하면 쉽게 투자할 수 있으며, 장기간 보유할수록 가치 보존 효과를 기대할 수 있습니다. 다만, 금은 이자나 배당이 없어 단기 수익보다는 자산을 지키는 용도로 적합합니다.

❼ 외환(FX) 또는 외화 자산

달러, 유로 같은 외화의 환율 차이를 활용한 투자입니다. 위험이 큰 만큼 초보자에게는 직접 매매보다 외화 예금, 외화 ETF 등 안정적인 방식을 추천합니다. 해외 자산에 관심 있는 분들에게 적합한 선택지입니다.

나는 어떤 투자자일까?

투자 방법을 알아보았으니 이번에는 자신의 투자 성향을 파악할 차례입니다. 투자 성향을 정확히 알아야 그에 맞는 투자 전략을 세울 수 있지요.

투자 성향은 크게 세 가지로 나뉩니다.

- **위험 회피형(안전형) :** 이 유형은 안정적인 수익을 가장 중요하게 생각합니다. 그래서 고위험 자산에 투자하기보다 채권, 예금 등 안정적인 자산에 주로 투자합니다.
- **중립형 :** 이 유형은 위험과 수익 사이의 균형을 중시합니다. 따라서 주식과 채권에 고르게 분산 투자해 안정성과 수익성을 함께 추구합니다.
- **위험 감수형(공격형) :** 이 유형은 높은 수익을 목표로 적극적으로 투자합니다. 따라서 주식, 신흥국 시장, 벤처 투자 등 고위험 자산에 비중을 둡니다.

다음은 투자 성향에 영향을 미치는 주요 항목들입니다. 각 항목을 살펴보며 자신의 투자 성향을 파악해보세요.

❶ 위험 수용도

투자 성향에서 가장 중요한 요소는 '얼마나 위험을 감수할 수 있는가'입니다. 여기서 말하는 '위험'이란 손실뿐 아니라, 수익이 쭉쭉날쭉하게 오르내리거나 결과를 예측하기 어려운 불확실한 상황까지 모두 포함합니다.

예를 들어, 높은 수익을 위해 불확실성을 감수할 수 있다면 고위험 자산이 잘 맞습니다. 반대로 손실에 민감하고 안정성을 중시한다면, 채권이나 예금 같은 저위험 자산이 적합합니다.

❷ 손실에 대한 반응

안타깝게도 투자를 하다 보면 손실은 피하기 어렵습니다. 따라서 손실이 발생했을 때 자신이 어떻게 대응할지 먼저 파악해야 합니다.

가령, 10% 손실이 발생하면 어떻게 대응할 것 같나요? 만약 손실이 나도 참고 기다린다면 '위험 감수형'에 해당합니다. 이 유형은 언젠가 손실이 회복될 것이라 믿고 기다리지요. 반면에 즉시 매도한다면 '위험 회피형'에 해당합니다. 이 유형은 더 큰 손실을 막기 위해 빠르게 행동하는 것을 선호하지요.

❸ 투자 목표 및 기간

투자 성향은 '무엇을 위해 투자하는가(목표)'와 '언제까지 투자할 수 있는가(기간)'에 따라서도 달라집니다.

예를 들어, 같은 30대 직장인이라도 노후 준비를 위해 투자하는 사람과 내년 결혼 자금에 보태기 위해 투자하는 사람의 전략은 다를 수밖에 없습니다. 노후 대비는 오랜 기간 준비할 수 있어 변동성이 큰 자산에도 일부 투자할 수 있지만, 결혼 자금처럼 단기간에 필요할 경우 손실 위험이 적은 자산에 투자하는 것이 더 적합하기 때문입니다.

❹ 자산 배분

"달걀은 한 바구니에 담지 마라."

투자에 관심 없는 사람도 한 번쯤 들어봤을 것입니다. 다양한 자산에 분산 투자해 리스크를 줄이라는 뜻이지요.

자산 배분 성향은 위험 수용도에 따라 달라집니다. 가령, 위험 감수형 투자자는 주식, 신흥국 ETF 등 고위험 자산에 더 큰 비중을 두고 배분합니다. 반면에 위험 회피형 투자자는 채권, 예금 등 안전한 자산에 나누어 투자하지요.

"위험이 큰 자산에 얼마나 투자할 수 있나요?" 같은 질문으로 자산 배분 성향을 가늠할 수 있습니다. 만약 70% 이상 투자할 생각이라면 '공격형', 20% 미만이라면 '안전형'에 가깝다고 볼 수 있습니다.

❺ 투자 경험

투자 경험 역시 투자 성향에 영향을 미칩니다. 대체로 초보자는 손실에 대한 불안감이 큰 편입니다. 그래서 예금, 채권 등 안전한 자산을 선호하는 경우가 많습니다. 반면, 경험이 쌓일수록 시장의 흐름에 익숙해지고 손실을 견디는 힘도 생겨서 과감한 투자에 나서기도 합니다.

투자는 정보전!
투자하기 전에 꼭 둘러봐야 할 사이트

❶ 인베스팅닷컴　　　　　　　　　　kr.investing.com

전 세계의 경제 뉴스, 주요 지수, 외환 및 암호화폐 시세 등 세계 증시의 전반적인 상황을 살펴볼 수 있는 종합 사이트입니다. 특히 '경제 캘린더'를 통해 오늘 어떤 경제 이벤트가 예정돼 있는지 확인할 수 있어 시장 흐름을 파악하는 데 매우 유용합니다.

❷ 네이버페이 증권　　　　　　　　　finance.naver.com

뉴스, 국내외 증시, 유가, 금 시세, 증권사 리포트까지 투자에 필요한 기본 정보가 잘 정리되어 있습니다. 또한 TOP 종목과 업종 상위 등도 쉽게 확인할 수 있어 초보 투자자가 입문용으로 둘러보기 좋습니다.

❸ 오피넷　　　　　　　　　　　　www.opinet.co.kr

국제 유가는 물론 국내 유가 동향, 유류세 등을 확인할 수 있습니다. 유가 흐름은 소비 심리나 인플레이션과도 연결되기 때문에 경제 흐름에 대한 힌트를 얻기 좋습니다. 또한 국내의 저렴한 주유소를 찾을 수 있어 주유비를 아끼는 데도 매우 유용합니다.

❹ 한국거래소(KRX)　　　　　　　www.krx.co.kr

국내 금융시장의 중심 역할을 하는 곳입니다. 시장 동향과 투자 주의 종목 등 다양한 정보를 살펴볼 수 있으며, 초보 투자자를 위한 동영상 강의도 제공합니다. 이 사이트를 자주 들여다보기만 해도 투자에 대한 이해도를 높일 수 있습니다.

❺ DART(전자공시시스템)　　　　dart.fss.or.kr

금융감독원이 제공하는 기업 공시 열람 서비스로, 상장 기업이 공시 서류를 제출하면 투자자들이 인터넷으로 조회할 수 있습니다. 사업 보고서, 투자 설명서 등 '이 회사에서 지금 무슨 일이 진행되는지'를 빠르게 확인할 수 있어 유용합니다.

· 2장 ·

가계부로 단 3주 만에
인생을 바꾸다

목표를 세우면 돈은 따라온다

본격적으로 가계부를 쓰기 전에 재정 목표를 명확하게 세워야 합니다. '돈을 많이 모아야지' 같은 막연한 목표는 세우나 마나입니다. 목표가 구체적이지 않으면 진행 상황을 확인하기 어렵고, 중간에 포기하기 쉽지요. 따라서 실현 가능한 구체적인 목표를 세워야 합니다.

구체적인 목표를 세우는 방법은 간단합니다. '돈을 모으려는 이유'를 생각하면 되지요. 독립, 결혼, 여행, 공부 등 나만의 이유를 떠올린 다음 모아야 하는 금액과 기간을 정해보세요. 예를 들어, '돈 모아서 독립할 거야'라는 이유를 '5년 안에 1억 원을 모아서 독립해야지'라고 구체화시키는 겁니다.

이는 'SMART 목표 설정법'을 활용한 방법입니다.

❶ **Specific**(구체적인) : '월 50만 원 저축'처럼 목표를 구체적으로 정합니다.
❷ **Measurable**(측정 가능한) : 진행 상황을 확인할 수 있도록 목표를 수치화합니다.
❸ **Achievable**(달성 가능한) : 현실적인 수준의 목표를 세웁니다.
❹ **Relevant**(관련 있는) : 자신의 삶과 밀접한 목표를 세웁니다.
❺ **Time-bound**(기간 제한) : 기한을 정하면 목표 달성 가능성을 높일 수 있습니다.

최종 목표를 정했다면 장기, 중기, 단기로 나눠 목표를 세워야 합니다. 다시 말해, 기간별로 목표를 세분화해 체계적인 계획을 세우는 것입니다. 예를 들어, '10년 안에 내 집 마련하기'라는 목표를 세웠다면 5년 동안 얼마를 모아야 할지, 돈을 모으기 위해 부업을 할지 등의 계획을 세워보세요.

이때 예상되는 생애 사건을 적고 그에 따른 방안도 함께 고민해야 합니다. 예를 들어, 결혼, 출산, 이사, 은퇴 등과 같은 중요한 사건들이 언제 발생할지 예상하고, 그 시점에 필요한 자금도 함께 계획하는 것입니다. 보통 이런 일에는 큰 비용이 들어서 반드시 함께 고려하는 것이 좋습니다.

또한 목표는 주기적으로 점검해야 합니다. 한두 달에 한 번씩 목표를 점검하고, 상황에 맞게 계획을 조정하세요. **단, 이때 '목표'를 미루면 안 됩니다. '계획'을 조정해야 합니다.** 한 번 목표를 미루면 포기하기 쉬우므로, 현재 상황에서 실행할 수 있는 계획으로 수정하며 나아가세요.

SMART 목표 설정법을 살펴봤으니, 이제 42쪽에 자신의 목표를 세워보세요. 그 목표가 돈을 모으고 불리는 힘이 되어줄 것입니다.

최종 목표	
장기 목표	
중기 목표	
단기 목표	
예상되는 주요 사건	

돈 관리, 첫 단계에서 제대로 잡자!
가계부 쓰기 전에 꼭 확인해야 할 것들

❶ 지출 항목 파악하기: 고정비, 변동비, 예비비 점검

지출은 크게 고정비, 변동비, 예비비로 나눌 수 있습니다.

먼저 고정비는 월세, 보험료, 대출 상환액처럼 매달 일정하게 나가는 비용을 말합니다. 대부분 꼭 써야 하는 지출이라 줄이기 쉽지 않지만, 생활비에서 차지하는 비중이 크기 때문에 가장 먼저 점검해보는 항목이기도 합니다.

다음으로 변동비는 식비, 문화생활비, 의류비처럼 매달 지출 금액이 다른 비용을 말합니다. 관리가 느슨해지면 과소비하기 쉬운 항목이지요. 처음부터 몇 달 동안의 변동비를 모두 정리하려 하면 번거롭고 어렵습니다. 그러니 우선 지난달 변동비만 파악해보세요.

마지막은 예비비입니다. 예비비는 갑자기 입원하거나 차를 수리할 때처럼 예상치 못한 지출에 대비해서 마련해두는 비용을 말합니다.

❷ 현재의 재정 상태 점검하기: 자산, 부채, 소비 패턴

'통장 잔액을 보면서 스트레스받고 싶지 않아', '대출금 보면 한숨부터 나와'라는 생각에 현재의 재정 상태를 파악하지 않는 분들이 있습니다. 그러나 지금 상태를 마주하지 않으면 앞으로의 계획도 세울 수 없습니다.

따라서 예금이나 적금은 얼마나 있는지, 대출은 얼마 남았는지, 최근 몇 달간 어떻게 소비했는지를 살펴봐야 합니다. 다시 말해 자산, 부채, 소비 패턴을 확인해야 하지요.

자산에는 예금, 적금, 투자금 등이 포함되고, 부채에는 대출금, 신용카드 미결제액, 미납된 공과금 등이 포함됩니다. 자산에서 부채를 뺀 금액이 바로 '순자산', 즉 내가 실제로 보유한 돈입니다. 마지막으로 소비 패턴은 최근 3개월 정도의 지출 내역을 정리해보면 알 수 있습니다.

이런 과정을 처음 해나가야 하는 분들이라면 고정비부터 소비 패턴까지 3주간 차근차근 파악해보세요. 3주 후면 자산 관리의 기초를 다질 수 있을 것입니다. 지금부터 각 주마다 어떤 것들을 해야 하는지 살펴보겠습니다.

1주 차,
소비 습관 파악하기

1주 차 할 일

☐ 매일 변동비 기록하기
☐ 고정비 정리해 예산 기반 만들기
☐ 필요한 식재료, 생필품 파악하기
☐ 주간 결산으로 한 주의 소비 점검하기

"시작이 반이다."

어떤 일이든 시작했다면 이미 절반은 성공한 셈입니다. 가계부 쓰기도 마찬가지입니다. 1주 차의 목표는 소비 습관을 파악하는 것입니다. 그래서 이때는 우선 변동비 위주로 매일 지출을 기록합니다. 오늘 쓴 점심값, 간식비, 쇼핑비 등을 꼼꼼히 기록합니다. '돈을 쓰면 기록한다'라는 습관을 들이는 것이지요.

다음으로 고정비를 확인합니다. 월세, 보험료, 대출 상환액처럼 매달 고정적으로 나가는 비용이 얼마인지 정확히 파악하는 것이지요(63쪽 참고). 고정비를 파악하고 나면 예산을 세우기 훨씬 수월해집니다. 월급이 들어오면 고정비만큼의 비용을 제한 뒤 저축과 투자금을 우선 빼놓고, 남은 금액으로 변동비와 예비비를 잡을 수 있기 때문입니다. 이때 남은 금액은 다시 저축이나 투자에 넣으면 돈이 훨씬 빨리 모입니다.

다음으로, 필요한 생필품과 식재료 목록을 작성해보세요. 이때 냉장고 안에 있는 식재료를 미리 살펴본 뒤, 그 재료들을 우선 활용할 수 있는 메뉴로 일주일 정도의 식단을 짜보면 장을 훨씬 알뜰하게 볼 수 있습니다. 또한 자주 사는 생필품을 목록으로 정리해두면 생활비에서 빠져나가는 고정 지출을 한눈에 파악할 수 있어 예산 관리에 도움이 됩니다.

1주 차의 마지막 날에는 주간 지출 결산을 합니다. 결산은 1주 차뿐만 아니라 매주 마지막 날에 꼭 해주세요.

> **TIP**
>
> 신용카드를 쓰면 지출 비용은 다음 달에 빠져나가지만, 가계부를 쓸 때는 결제한 날 바로 예산에서 차감해야 합니다. 그렇게 하지 않으면 '아직 쓸 돈이 있네'라고 착각하기 쉽기 때문이지요.
>
> 예를 들어, 이번 달 식비 예산이 100만 원인데, 오늘 장을 보며 신용카드로 10만 원을 썼다고 해볼까요? 그러면 가계부에 '식비 지출 10만 원'이라고 적고, 남은 식비 예산은 90만 원이라고 생각해야 합니다.
>
> 가능하다면 '카드 전용 계좌'를 따로 만드는 것도 좋습니다. 카드를 쓸 때마다 금액을 그 계좌에 미리 옮겨 두고 청구일에 자동으로 빠져나가게 하면 효율적으로 관리할 수 있지요.

생필품 목록

주기적으로 사는 생필품 목록을 정리해보세요.

물품명	평균 구매 개수	구매 주기	구매처

2주 차,
불필요한 지출을 줄이고 예비비 준비하기

2주 차 할 일

☐ 신용카드 할부 내역 점검하기
☐ 안 쓰는 구독 서비스 해지하기
☐ 지출 신호등 시스템으로 소비 점검하기
☐ 연간 예비비 파악하기

소비 내역을 기록하는 데 익숙해졌다면, 2주 차에는 그 기록을 바탕으로 불필요한 지출을 줄이고, 앞으로를 위한 예비비를 준비하는 습관을 들여야 합니다.

먼저 줄일 수 있는 지출, 즉 '새는 돈'을 찾아야 합니다. 대표적인 예로는 신용카드 할부금, 안 쓰는 구독 서비스, 필요 이상으로 지출한 생활비 항목 등을 들 수 있습니다. 특히 할부는 결제하고 나면 몇 개월을 더 내야 하는지 잊는 경우가 많고, 수수료도 나가기 때문에 되도록 줄여야 합니다. 여유가 된다면 신용카드 대금을 일부 미리 갚는 것도 방법입니다.

또한 '지출 신호등 시스템'으로 소비 습관을 점검하는 것도 좋습니다. 예산 대비 지출을 적정(초록), 주의(노랑), 위험(빨강)으로 표시하면 어떤 항목의 지출이 과했는지 한눈에 확인할 수 있습니다. 모든 항목을 색으로 표시하기 번거롭다면 과소비한 항목들만이라도 빨간색으로 표시해보세요. 그러면 경각심을 가질 수 있습니다.

　이렇게 소비 습관을 점검했다면, 이제 현명한 소비를 위해 조금 더 길게 바라볼 차례입니다. 경조사, 여행, 가족 행사 등 예상 가능한 특별 지출을 미리 정리하고, 이를 위해 '연간 예비비'를 준비해야 합니다. 1년간 예상되는 지출을 합산한 다음, 12개월로 나눠 매달 얼마씩 모을지 정해보세요(62쪽 참고). 예비비는 갑작스럽게 큰 지출이 나가는 것을 막아주는 방어막이기 때문에, 적은 금액이라도 매달 꾸준히 준비하는 것이 중요합니다.

3주 차,
예산 계획 짜기

3주 차 할 일

☐ 자산과 부채를 정리해 순자산 확인하기
☐ 주요 변동비 및 고정비 중심으로 예산 계획 세우기
☐ 투자 종잣돈 통장 만들기
☐ 여행비, 경조사비 등 목적별 적금 만들기

마지막 주에는 지금까지의 과정을 바탕으로 구체적인 예산을 세우고 저축 및 투자 계획을 짜야 합니다.

먼저 자산과 부채를 한눈에 볼 수 있게 정리합니다. 지금 통장에 돈이 얼마나 있는지, 적금은 얼마나 모았는지, 카드값이나 대출 잔액은 얼마나 되는지 표로 정리해보면 좋습니다(57쪽 참고). 만약 보유한 부동산이나 투자 상품이 있다면 자산 항목에 추가해 함께 정리합니다. 부동산의 경우 공시가나 실거래가 기준 시세를 참고해 현재 가치를 적어두면 전반적인 자산 구조를 파악하는 데 유용합니다.

그다음으로 월 예산 계획을 세워야 합니다. 처음에는 세밀하게 계획을 세우기보다, '한 달 동안 이 금액 안에서 쓸 수 있겠다' 싶은 큰 울타리를 먼저 만드는 것이 중요합니다. 그래야 꾸준히 계획을 세우며 자산을 관리할 수 있습니다. 그러니 우선 주요 변동비 한두 가지(식비, 생필품비 등)와 고정비를 중심으로 예산 계획을 세워보세요.

이때 저축과 투자 계획도 함께 세워야 합니다. 하나의 통장에 매달 남는 돈을 그저 저축하기보다, 목적별로 적금 통장을 만드는 편이 훨씬 효율적입니다. 여행 자금이나 정기 적금을 비롯해, 아이가 있다면 방학 적금이나, 교육비, 미래 자금 등도 미리 준비해두면 훨씬 든든합니다.

또한 투자 종잣돈 통장을 만들어 매달 아낀 금액을 모아두었다가 투자해보세요. 그러면 돈을 잠자게 두지 않고 가치를 키울 수 있습니다.

3주 실천 리스트 한눈에 보기

주	해야 할 일
1주 차	☐ 매일 변동비 기록하기 ☐ 고정비 정리해 예산 기반 만들기 ☐ 필요한 식재료, 생필품 파악하기 ☐ 주간 결산으로 한 주의 소비 점검하기
2주 차	☐ 신용카드 할부 내역 점검하기 ☐ 안 쓰는 구독 서비스 해지하기 ☐ 지출 신호등 시스템으로 소비 점검하기 ☐ 연간 예비비 파악하기
3주 차	☐ 자산과 부채를 정리해 순자산 확인하기 ☐ 주요 변동비 및 고정비 중심으로 예산 계획 세우기 ☐ 투자 종잣돈 통장 만들기 ☐ 여행비, 경조사비 등 목적별 적금 만들기

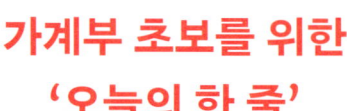

가계부 초보를 위한
'오늘의 한 줄'

처음 가계부를 쓰는 사람들은 지출 내역을 일일이 적는 데 부담을 느낍니다. 그런 분들은 '오늘의 한 줄'을 적어보세요. 일단 기록하는 습관부터 들이고, 소비 패턴을 조금씩 파악해보는 것입니다. 아마 가계부를 오래 써온 분들은 이 방법을 들어봤을 것입니다. 저 역시 처음 이 방법을 접했을 때 재미있어서 활용해봤는데, 생각보다 더 효과적이었습니다.

다음 세 가지 중 하나를 골라 꾸준히 적어보세요. 딱 한 줄이면 됩니다.

❶ 오늘 가장 컸던 지출 1개 적기

오늘 가장 컸던 지출을 적어보세요. '점심 약속 5만 원', '장보기 4만 2천 원'처럼 항목과 금액만 간단히 쓰면 됩니다. 매일 어디에 가장 많이 썼는지 확인하면 자신의 소비 패턴을 파악할 수 있습니다. '왜 항상 금요일에 배달을 시킬까?', '주말에 돈을 두 배 더 많이 쓰는 이유가 뭘까?' 같은 점을 짚어보면 안 좋은 소비 습관을 고칠 수 있습니다.

❷ '후회 지출' 1개 적기

굳이 안 써도 됐는데 써서 후회되는 소비를 하나만 적어보세요. 예를 들어 '1 + 1에 혹해서 산 간식 3천 원', '기분 전환하려고 산 모자 1만 5천 원'처럼요. 후회 지출을 쓰다 보면 어떨 때 충동적으로 구매하는지, 어디에 불필요한 지출을 하는지 알아차리게 됩니다.

❸ '참은 소비' 1개 적기

꾹 참은 소비를 적는 것도 훌륭한 방법입니다. 예를 들어 '배달 음식 안 시킴', '온라인 쇼핑몰 구경하다 참음'처럼 오늘 참은 소비를 적어보세요. 그러면 절약의 성취감을 느낄 수 있습니다.

 이 방법은 달력이나 휴대전화 메모장에도 쉽게 적을 수 있습니다. 하루에 딱 하나만 써도 되고, 여유가 된다면 세 가지를 모두 써도 좋습니다. 더 의욕이 생긴다면 감정도 간단히 써보세요.

· 3장 ·

복권 당첨금만큼
돈이 모이는 가계부 쓰기

순자산 현황 파악하기

이제 나의 재정 상태가 어떤지 파악해볼까요? 자산이란 현금을 비롯해 내가 가진 재산을 말합니다. 구체적으로 현금, 예금, 적금, 투자금, 부동산 같은 실물 자산이 포함됩니다. 부채는 대출 잔액, 카드값, 미납 공과금 등 갚아야 할 빚을 말하고, 자산에서 부채를 뺀 값이 바로 '순자산'이지요.

자산과 부채를 한눈에 보이게 정리하면 현재 재정 상태가 안정적인지 쉽게 파악할 수 있습니다. 그래서 저는 표를 만들어 주기적으로 업데이트합니다. 참고로 이 표는 엑셀로 만들어두면 더 유용합니다.

> **TIP**
>
> **독자들을 위한 특별 선물 – '순자산 파악표', '2인 가계부' 엑셀 서식**
> **(PC에서만 다운로드 가능)**
>
> 다음의 QR코드를 찍으면, 부부 자산을 함께 관리할 수 있는 엑셀 파일을 확인할 수 있습니다. (핸드폰에서는 다운로드 되지 않음.)
> 파일을 다운받기 위해서는, PC 검색창에 다운로드 링크(bit.ly/46qwGKe)를 입력합니다.
> 엑셀이 나오면 맨 위의 '파일'로 들어가 '다운로드'를 누릅니다.
>
> 다운로드 링크
> http://bit.ly/46qwGKe
>
>

순자산 파악표

구분	항목	내용	금액
비유동자산	부동산		
	연금 (개인연금, 퇴직연금, 국민연금 등)		
유동자산	예금		
	적금		
	투자 (주식, 펀드, 코인, 연금저축 등)		
부채	대출		
	신용카드 할부금		
	미납금 (미납 공과금, 통신비 등)		
순자산	자산 − 부채		원

예적금

통장	은행	목표	만기일	현재 금액

투자

상품 종류	매수일	원금	수익률	현재 평가 금액

대출

종류	원리금	납입일	만기일

신용카드 할부

카드명	결제일	내역	월 납입액	잔여 개월

중요 이벤트

____월

____월

____월

____월

____월

____월

_____월

_____월

_____월

_____월

_____월

_____월

연간 예비비 파악하기

항목	작년	지난 3년간 평균	올해 예상
가족 행사비 (생일, 명절, 어버이날, 어린이날 등)			
경조사비			
병원비			
여행비			
차량 유지비 (자동차세, 수리비, 검사비 등)			

고정비 파악하기

항목	지난 3개월 평균	올해 예상
주거비		
보험비		
대출 상환금		
공과금		
기타 (가족 용돈, 모임비 등)		

한눈에 보는 재정 목표와 계획

1년간 모으고 싶은 금액은 얼마인가요? 목적과 함께 적어보세요.
(예: 비상금 300만 원, 투자 종잣돈 100만 원, 독립 자금 1,000만 원)

1년간 이루고 싶은 투자 목표는 무엇인가요?
(예: 미국 주식에 도전해보기, 매달 10만 원씩 펀드에 투자하기)

1년 안에 고치고 싶은 소비 습관은 무엇인가요?
(예: 매달 음식 배달비 10만 원 미만으로 줄이기)

저축 전략: 어떤 방식으로 돈을 모을 건가요?
(예: 월급날 자동이체, 월말 잔액 자유 적금으로 모으기)

투자 전략: 어떤 공부를 해야 할까요? 언제, 얼마씩 투자할 건가요?
(예: 매월 초 10만 원씩 ETF에 분산 투자하기)

소비 습관 개선 전략: 어떻게 소비 습관을 바꿀 건가요?
(예: 배달앱 삭제, 장 보기 전 메모 작성 등)

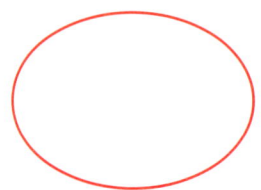

MON	TUE	WED	THU
—	—	—	—
—	—	—	—
—	—	—	—
—	—	—	—
—	—	—	—

수입	필수 지출	이번 달 예산
원	원	원

FRI	SAT	SUN	이번 달 예산
	—	—	**식비**
			원
			생활용품비
			원
	—	—	
			원
			원
	—	—	
			원
			원
	—	—	
			원
			원
	—	—	
			원
			원

이번 주 소비 만족도

● 만족　● 보통　● 아쉬움　● 후회

항목			
이번 주 예산			
MON/			
TUE/			
WED/			
THU/			
FRI/			
SAT/			
SUN/			
지출 합계	원	원	
예산 잔액	원	원	

Weekly 필사

버는 것보다 적게 쓰는 법을 안다면 현자의 돌을 가진 것과 같다.

— 벤저민 프랭클린

투자 공부한 날 ● 1일 ● 2일 ● 3일 이상

			이번 주 결산
			원
			원
			원
			원
			원
			원
			원
원	원	원	원
원	원	원	원

월   주

이번 주 소비 만족도

● 만족　● 보통　● 아쉬움　● 후회

항목			
이번 주 예산			
MON /			
TUE /			
WED /			
THU /			
FRI /			
SAT /			
SUN /			
지출 합계	원	원	
예산 잔액	원	원	

Weekly 필사

당신을 부자로 만드는 것은 당신의 월급이 아니다. 소비 습관이다.

— 찰스 A. 자페

투자 공부한 날 ● 1일 ● 2일 ● 3일 이상

			이번 주 결산
			원
			원
			원
			원
			원
			원
			원
원	원	원	원
원	원	원	원

월   주

이번 주 소비 만족도

● 만족　● 보통　● 아쉬움　● 후회

항목			
이번 주 예산			
MON/			
TUE/			
WED/			
THU/			
FRI/			
SAT/			
SUN/			
지출 합계	원	원	
예산 잔액	원	원	

Weekly 필사

한 푼 아낀 것은 한 푼 번 것이나 마찬가지다.

— 벤저민 프랭클린

투자 공부한 날 ● 1일 ● 2일 ● 3일 이상

			이번 주 결산
			원
			원
			원
			원
			원
			원
			원
원	원	원	원
원	원	원	원

월   주

이번 주 소비 만족도

● 만족 ● 보통 ● 아쉬움 ● 후회

항목			
이번 주 예산			
MON /			
TUE /			
WED /			
THU /			
FRI /			
SAT /			
SUN /			
지출 합계	원	원	
예산 잔액	원	원	

Weekly 필사

1달러만 가지고 있어도 그 돈을 관리하라.

—T. 하브 에커

투자 공부한 날　　　　　　　　　● 1일　● 2일　● 3일 이상

			이번 주 결산
			원
			원
			원
			원
			원
			원
			원
원	원	원	원
원	원	원	원

　월　주

이번 주 소비 만족도

● 만족　● 보통　● 아쉬움　● 후회

항목			
이번 주 예산			
MON /			
TUE /			
WED /			
THU /			
FRI /			
SAT /			
SUN /			
지출 합계	원	원	원
예산 잔액	원	원	원

Weekly 필사

돈을 절약하는 것은 좋은 일이다. 그러나 돈을 투자하는 것은 더 좋은 일이다.

— 그랜트 카돈

투자 공부한 날 ● 1일 ● 2일 ● 3일 이상

			이번 주 결산
			원
			원
			원
			원
			원
			원
			원
원	원	원	원
원	원	원	원

월   주

년   월   **월간 결산**

구분	내역	예산	실제 지출 금액	차액
고정비				
변동비				

구분	내역	예산	실제 금액	차액
저축				
투자				

구분	총수입	총지출	저축+투자	남은 돈
결산	원	원	원	원

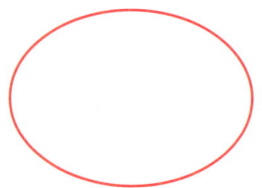

MON	TUE	WED	THU
—	—	—	—
—	—	—	—
—	—	—	—
—	—	—	—
—	—	—	—

수입	필수 지출	이번 달 예산
원	원	원

FRI	SAT	SUN	이번 달 예산
			식비
			원
			생활용품비
			원
			원
			원
			원
			원
			원
			원
			원

이번 주 소비 만족도

● 만족　● 보통　● 아쉬움　● 후회

항목			
이번 주 예산			
MON /			
TUE /			
WED /			
THU /			
FRI /			
SAT /			
SUN /			
지출 합계	원	원	
예산 잔액	원	원	

Weekly 필사

작은 지출을 조심하라. 작은 구멍이 큰 배를 가라앉힌다.

— 벤저민 프랭클린

투자 공부한 날　　　　　　　　　　　　　　● 1일　● 2일　● 3일 이상

			이번 주 결산
			원
			원
			원
			원
			원
			원
			원
원	원	원	원
원	원	원	원

　월　　주

이번 주 소비 만족도

● 만족　● 보통　● 아쉬움　● 후회

항목			
이번 주 예산			
MON /			
TUE /			
WED /			
THU /			
FRI /			
SAT /			
SUN /			
지출 합계		원	원
예산 잔액		원	원

Weekly 필사

당신이 당신의 돈을 통제해야 한다. 그렇지 않으면 가난이 당신을 영원히 통제할 것이다.

― 데이브 램지

투자 공부한 날   ● 1일 ● 2일 ● 3일 이상

			이번 주 결산
			원
			원
			원
			원
			원
			원
			원
원	원	원	원
원	원	원	원

월   주

이번 주 소비 만족도

● 만족　● 보통　● 아쉬움　● 후회

항목			
이번 주 예산			
MON /			
TUE /			
WED /			
THU /			
FRI /			
SAT /			
SUN /			
지출 합계		원	원
예산 잔액		원	원

Weekly 필사

부자가 되는 것은 자산을 얼마나 소유했는지가 아니라 어떻게 살아가는 지에 달려 있다.

— 게리 바이너척

투자 공부한 날   ● 1일   ● 2일   ● 3일 이상

			이번 주 결산
			원
			원
			원
			원
			원
			원
			원
원	원	원	원
원	원	원	원

　월　　주

이번 주 소비 만족도

○ 만족　○ 보통　○ 아쉬움　○ 후회

항목			
이번 주 예산			
MON /			
TUE /			
WED /			
THU /			
FRI /			
SAT /			
SUN /			
지출 합계	원	원	원
예산 잔액	원	원	원

Weekly 필사

부자가 되는 방법은 가진 돈을 쓰고, 가지지 않은 돈은 쓰지 않는 것이다.

— 빌 만

투자 공부한 날 ● 1일 ● 2일 ● 3일 이상

			이번 주 결산
			원
			원
			원
			원
			원
			원
			원
원	원	원	원
원	원	원	원

월   주

이번 주 소비 만족도

● 만족　● 보통　● 아쉬움　● 후회

항목			
이번 주 예산			
MON /			
TUE /			
WED /			
THU /			
FRI /			
SAT /			
SUN /			
지출 합계	원	원	
예산 잔액	원	원	

Weekly 필사

소득 안에서 생활하고 투자할 수 있도록 저축하라.

— 찰스 멍거

투자 공부한 날 ● 1일 ● 2일 ● 3일 이상

			이번 주 결산
			원
			원
			원
			원
			원
			원
			원
원	원	원	원
원	원	원	원

월 주

년　　월　　　　**월간 결산**

구분	내역	예산	실제 지출 금액	차액
고정비				
변동비				

구분	내역	예산	실제 금액	차액
저축				
투자				

결산	총수입	총지출	저축+투자	남은 돈
	원	원	원	원

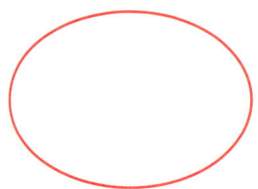

MON	TUE	WED	THU
—	—	—	—
—	—	—	—
—	—	—	—
—	—	—	—
—	—	—	—

수입	필수 지출	이번 달 예산
원	원	원

FRI	SAT	SUN	이번 달 예산
	—	—	**식비**
			원
			생활용품비
			원
	—	—	
			원
			원
	—	—	
			원
			원
	—	—	
			원
			원
	—	—	
			원
			원

이번 주 소비 만족도   ● 만족 ● 보통 ● 아쉬움 ● 후회

항목			
이번 주 예산			
MON /			
TUE /			
WED /			
THU /			
FRI /			
SAT /			
SUN /			
지출 합계	원	원	
예산 잔액	원	원	

Weekly 필사

돈은 쫓아다니는 것이 아니라 끌어당기는 것이다.

— 짐 론

투자 공부한 날 ● 1일 ● 2일 ● 3일 이상

			이번 주 결산
			원
			원
			원
			원
			원
			원
			원
원	원	원	원
원	원	원	원

월   주

이번 주 소비 만족도

● 만족　● 보통　● 아쉬움　● 후회

항목			
이번 주 예산			
MON /			
TUE /			
WED /			
THU /			
FRI /			
SAT /			
SUN /			
지출 합계	원	원	원
예산 잔액	원	원	원

Weekly 필사

저축만 하는 사람은 오늘날 경제에서 패자다.

— 로버트 기요사키

투자 공부한 날　　　　　　　　　● 1일　● 2일　● 3일 이상

			이번 주 결산
			원
			원
			원
			원
			원
			원
			원
원	원	원	원
원	원	원	원

　월　　주

이번 주 소비 만족도

● 만족 ● 보통 ● 아쉬움 ● 후회

항목			
이번 주 예산			
MON/			
TUE/			
WED/			
THU/			
FRI/			
SAT/			
SUN/			
지출 합계	원	원	
예산 잔액	원	원	

Weekly 필사

돈을 관리하는 습관이 가진 돈의 양보다 더 중요하다.

— T. 하브 에커

투자 공부한 날   ● 1일 ● 2일 ● 3일 이상

			이번 주 결산
			원
			원
			원
			원
			원
			원
			원
원	원	원	원
원	원	원	원

 월   주

이번 주 소비 만족도

● 만족   ● 보통   ● 아쉬움   ● 후회

항목			
이번 주 예산			
MON/			
TUE/			
WED/			
THU/			
FRI/			
SAT/			
SUN/			
지출 합계	원	원	
예산 잔액	원	원	

Weekly 필사

저축을 자동화해야 저축하기 더 쉬워진다.

— 데이비드 바크

투자 공부한 날　　　　　　　　　　　● 1일　● 2일　● 3일 이상

			이번 주 결산
			원
			원
			원
			원
			원
			원
			원
원	원	원	원
원	원	원	원

월　주

이번 주 소비 만족도　　●만족　●보통　●아쉬움　●후회

항목			
이번 주 예산			
MON /			
TUE /			
WED /			
THU /			
FRI /			
SAT /			
SUN /			
지출 합계		원	원
예산 잔액		원	원

Weekly 필사

젊은 사람에게 꼭 해주고 싶은 말은 아무리 적은 금액이라도 조금씩 저축하라는 것이다.

— 앤드루 카네기

투자 공부한 날 ● 1일 ● 2일 ● 3일 이상

			이번 주 결산
			원
			원
			원
			원
			원
			원
			원
원	원	원	원
원	원	원	원

월   주

년   월   **월간 결산**

구분	내역	예산	실제 지출 금액	차액
고정비				
변동비				

구분	내역	예산	실제 금액	차액
저축				
투자				

결산	총수입	총지출	저축+투자	남은 돈
	원	원	원	원

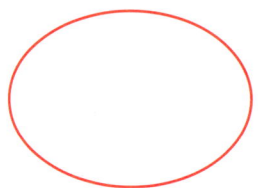

MON	TUE	WED	THU
—	—	—	—
—	—	—	—
—	—	—	—
—	—	—	—
—	—	—	—

수입	필수 지출	이번 달 예산
원	원	원

FRI	SAT	SUN	이번 달 예산
	—	—	식비
			원
			생활용품비
			원
	—	—	
			원
			원
	—	—	
			원
			원
	—	—	
			원
			원
	—	—	
			원
			원

이번 주 소비 만족도　　　　　　● 만족　● 보통　● 아쉬움　● 후회

항목			
이번 주 예산			
MON /			
TUE /			
WED /			
THU /			
FRI /			
SAT /			
SUN /			
지출 합계	원	원	원
예산 잔액	원	원	원

Weekly 필사

로또로 부자가 되는 유일한 방법은 로또 회사를 차리는 것이다.

—닐 더그래스 타이슨

투자 공부한 날   ● 1일 ● 2일 ● 3일 이상

			이번 주 결산
			원
			원
			원
			원
			원
			원
			원
원	원	원	원
원	원	원	원

월   주

이번 주 소비 만족도   ● 만족 ● 보통 ● 아쉬움 ● 후회

항목			
이번 주 예산			
MON /			
TUE /			
WED /			
THU /			
FRI /			
SAT /			
SUN /			
지출 합계	원	원	
예산 잔액	원	원	

Weekly 필사

부자는 기회를 기다리지 않고 스스로 만들어낸다.

— 조지 버나드 쇼

투자 공부한 날   ● 1일 ● 2일 ● 3일 이상

			이번 주 결산
			원
			원
			원
			원
			원
			원
			원
원	원	원	원
원	원	원	원

월   주

이번 주 소비 만족도

● 만족　● 보통　● 아쉬움　● 후회

항목			
이번 주 예산			
MON /			
TUE /			
WED /			
THU /			
FRI /			
SAT /			
SUN /			
지출 합계	원	원	
예산 잔액	원	원	

Weekly 필사

돈이 삶을 지배하게 두지 말고 삶을 더 잘 이끄는 데 도움 되게 하라.

— 존 램프턴

투자 공부한 날   ● 1일　● 2일　● 3일 이상

			이번 주 결산
			원
			원
			원
			원
			원
			원
			원
원	원	원	원
원	원	원	원

● 월　주

이번 주 소비 만족도

● 만족 ● 보통 ● 아쉬움 ● 후회

항목			
이번 주 예산			
MON /			
TUE /			
WED /			
THU /			
FRI /			
SAT /			
SUN /			
지출 합계	원	원	원
예산 잔액	원	원	원

Weekly 필사

부자가 되고 싶으면 버는 것뿐 아니라 모으는 것도 생각하라.

— 벤저민 프랭클린

투자 공부한 날　●1일　●2일　●3일 이상

			이번 주 결산
			원
			원
			원
			원
			원
			원
			원
원	원	원	원
원	원	원	원

월　주

이번 주 소비 만족도   ● 만족 ● 보통 ● 아쉬움 ● 후회

항목			
이번 주 예산			
MON /			
TUE /			
WED /			
THU /			
FRI /			
SAT /			
SUN /			
지출 합계	원	원	
예산 잔액	원	원	

Weekly 필사

수입은 자신이 성장하는 만큼 커진다.

― 브렌던 버처드

투자 공부한 날 ● 1일 ● 2일 ● 3일 이상

			이번 주 결산
			원
			원
			원
			원
			원
			원
			원
원	원	원	원
원	원	원	원

월   주

년   월   **월간 결산**

구분	내역	예산	실제 지출 금액	차액
고정비				
변동비				

구분	내역	예산	실제 금액	차액
저축				
투자				

결산	총수입	총지출	저축+투자	남은 돈
	원	원	원	원

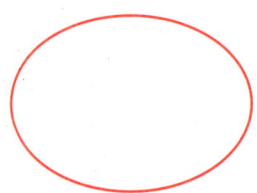

MON	TUE	WED	THU
—	—	—	—
—	—	—	—
—	—	—	—
—	—	—	—
—	—	—	—

수입	필수 지출	이번 달 예산
원	원	원

FRI	SAT	SUN	이번 달 예산
			식비
			원
			생활용품비
			원
			원
			원
			원
			원
			원
			원
			원
			원

이번 주 소비 만족도

● 만족　● 보통　● 아쉬움　● 후회

항목			
이번 주 예산			
MON /			
TUE /			
WED /			
THU /			
FRI /			
SAT /			
SUN /			
지출 합계		원	원
예산 잔액		원	원

Weekly 필사

부자는 가능성을 보는 반면, 가난한 사람은 걸림돌을 본다.

— 로버트 기요사키

투자 공부한 날　　　　　　　　　　　　　　● 1일　● 2일　● 3일 이상

			이번 주 결산
			원
			원
			원
			원
			원
			원
			원
원	원	원	원
원	원	원	원

월　주

이번 주 소비 만족도

● 만족　● 보통　● 아쉬움　● 후회

항목			
이번 주 예산			
MON /			
TUE /			
WED /			
THU /			
FRI /			
SAT /			
SUN /			
지출 합계	원	원	
예산 잔액	원	원	

Weekly 필사

부자는 '내 인생은 내가 만든다'라고 믿고, 가난한 사람은 '인생은 그저 나에게 일어나는 일'이라고 믿는다.

― T. 하브 에커

투자 공부한 날 ● 1일 ● 2일 ● 3일 이상

			이번 주 결산
			원
			원
			원
			원
			원
			원
			원
원	원	원	원
원	원	원	원

월   주

이번 주 소비 만족도

● 만족 ● 보통 ● 아쉬움 ● 후회

항목			
이번 주 예산			
MON /			
TUE /			
WED /			
THU /			
FRI /			
SAT /			
SUN /			
지출 합계	원	원	
예산 잔액	원	원	

Weekly 필사

마음이 넉넉하지 않다면 진정한 부자가 아니다.

— 로이 T. 베넷

투자 공부한 날   ● 1일 ● 2일 ● 3일 이상

			이번 주 결산
			원
			원
			원
			원
			원
			원
			원
원	원	원	원
원	원	원	원

  월   주

이번 주 소비 만족도

● 만족　● 보통　● 아쉬움　● 후회

항목			
이번 주 예산			
MON/			
TUE/			
WED/			
THU/			
FRI/			
SAT/			
SUN/			
지출 합계	원	원	
예산 잔액	원	원	

Weekly 필사

진정한 부는 자신의 조건에 맞게 삶을 살아갈 수 있는 능력이다.

— 엠제이 드마코

투자 공부한 날   ● 1일 ● 2일 ● 3일 이상

			이번 주 결산
			원
			원
			원
			원
			원
			원
			원
원	원	원	원
원	원	원	원

월   주

이번 주 소비 만족도

● 만족　● 보통　● 아쉬움　● 후회

항목			
이번 주 예산			
MON/			
TUE/			
WED/			
THU/			
FRI/			
SAT/			
SUN/			
지출 합계	원	원	
예산 잔액	원	원	

Weekly 필사

돈을 뒤쫓지 말고 열정을 좇으라. 그러면 돈이 그 뒤를 따를 것이다.

— 게리 바이너척

투자 공부한 날 ● 1일 ● 2일 ● 3일 이상

			이번 주 결산
			원
			원
			원
			원
			원
			원
			원
원	원	원	원
원	원	원	원

월   주

년   월   **월간 결산**

구분	내역	예산	실제 지출 금액	차액
고정비				
변동비				

구분	내역	예산	실제 금액	차액
저축				
투자				

결산	총수입	총지출	저축+투자	남은 돈
	원	원	원	원

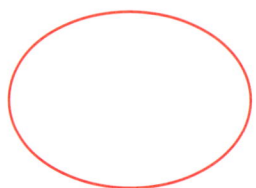

MON	TUE	WED	THU
—	—	—	—
—	—	—	—
—	—	—	—
—	—	—	—
—	—	—	—

수입	필수 지출	이번 달 예산
원	원	원

FRI	SAT	SUN	이번 달 예산
	—	—	**식비**
			원
			생활용품비
			원
	—	—	
			원
			원
	—	—	
			원
			원
	—	—	
			원
			원
	—	—	
			원
			원

이번 주 소비 만족도

● 만족　● 보통　● 아쉬움　● 후회

항목			
이번 주 예산			
MON /			
TUE /			
WED /			
THU /			
FRI /			
SAT /			
SUN /			
지출 합계	원	원	원
예산 잔액	원	원	원

Weekly 필사

돈은 그저 도구일 뿐이다. 돈을 어떻게 사용하느냐에 따라 그 가치가 결정된다.

— 나폴레온 힐

투자 공부한 날 ● 1일 ● 2일 ● 3일 이상

			이번 주 결산
			원
			원
			원
			원
			원
			원
			원
원	원	원	원
원	원	원	원

월   주

이번 주 소비 만족도

● 만족　● 보통　● 아쉬움　● 후회

항목			
이번 주 예산			
MON /			
TUE /			
WED /			
THU /			
FRI /			
SAT /			
SUN /			
지출 합계	원	원	원
예산 잔액	원	원	원

Weekly 필사

돈 버는 과정을 사랑해야 한다. 최종 결과물만 사랑해서는 안 된다.

— 게리 바이너척

투자 공부한 날 ● 1일 ● 2일 ● 3일 이상

			이번 주 결산
			원
			원
			원
			원
			원
			원
			원
원	원	원	원
원	원	원	원

월   주

이번 주 소비 만족도

○ 만족　○ 보통　○ 아쉬움　○ 후회

항목			
이번 주 예산			
MON /			
TUE /			
WED /			
THU /			
FRI /			
SAT /			
SUN /			
지출 합계	원	원	원
예산 잔액	원	원	원

Weekly 필사

나는 나 자신에게 보상하기 위해 돈을 투자하고 불린다.

— 크리스 호건

투자 공부한 날　　　　　　　　　　　　　　　　● 1일　● 2일　● 3일 이상

			이번 주 결산
			원
			원
			원
			원
			원
			원
			원
원	원	원	원
원	원	원	원

　월　　주

이번 주 소비 만족도 ● 만족 ● 보통 ● 아쉬움 ● 후회

항목			
이번 주 예산			
MON /			
TUE /			
WED /			
THU /			
FRI /			
SAT /			
SUN /			
지출 합계	원	원	
예산 잔액	원	원	

Weekly 필사

돈은 유일한 해답은 아니지만 차이를 만들어낸다.

― 버락 오바마

투자 공부한 날 ● 1일 ● 2일 ● 3일 이상

			이번 주 결산
			원
			원
			원
			원
			원
			원
			원
원	원	원	원
원	원	원	원

월   주

이번 주 소비 만족도

● 만족　● 보통　● 아쉬움　● 후회

항목			
이번 주 예산			
MON /			
TUE /			
WED /			
THU /			
FRI /			
SAT /			
SUN /			
지출 합계	원	원	
예산 잔액	원	원	

Weekly 필사

부는 지혜로운 사람의 노예이자 바보의 주인이다.

— 루키우스 세네카

투자 공부한 날   ● 1일 ● 2일 ● 3일 이상

			이번 주 결산
			원
			원
			원
			원
			원
			원
			원
원	원	원	원
원	원	원	원

월   주

년   월   **월간 결산**

구분	내역	예산	실제 지출 금액	차액
고정비				
변동비				

구분	내역	예산	실제 금액	차액
저축				
투자				

결산	총수입	총지출	저축+투자	남은 돈
	원	원	원	원

지난 6개월간 투자 돌아보기

상품 종류	투자 시작월	투자금	현재 가치	손익	상태 (보유/ 매도)

MEMO

지난 6개월간 총투자금	원

가장 만족한 투자와 그 이유

가장 아쉬웠던 투자와 그 이유

앞으로의 투자 방향

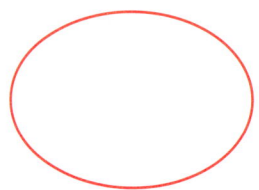

MON	TUE	WED	THU
—	—	—	—
—	—	—	—
—	—	—	—
—	—	—	—
—	—	—	—

수입	필수 지출	이번 달 예산
원	원	원

FRI	SAT	SUN	이번 달 예산
	—	—	**식비**
			원
			생활용품비
			원
	—	—	
			원
			원
	—	—	
			원
			원
	—	—	
			원
			원
	—	—	
			원
			원

이번 주 소비 만족도   ● 만족   ● 보통   ● 아쉬움   ● 후회

항목			
이번 주 예산			
MON /			
TUE /			
WED /			
THU /			
FRI /			
SAT /			
SUN /			
지출 합계	원	원	
예산 잔액	원	원	

Weekly 필사

제대로 준비된 사람들에게 약세장은 재앙이 아니라 기회다.

— 존 템플턴

투자 공부한 날 ● 1일 ● 2일 ● 3일 이상

			이번 주 결산
			원
			원
			원
			원
			원
			원
			원
원	원	원	원
원	원	원	원

월 주

이번 주 소비 만족도

● 만족　● 보통　● 아쉬움　● 후회

항목			
이번 주 예산			
MON/			
TUE/			
WED/			
THU/			
FRI/			
SAT/			
SUN/			
지출 합계	원	원	
예산 잔액	원	원	

Weekly 필사

투자로 큰 이익을 얻으려면 인내심이 필요하다.

— 필립 피셔

투자 공부한 날 ● 1일 ● 2일 ● 3일 이상

			이번 주 결산
			원
			원
			원
			원
			원
			원
			원
원	원	원	원
원	원	원	원

 월   주

이번 주 소비 만족도 ● 만족 ● 보통 ● 아쉬움 ● 후회

항목			
이번 주 예산			
MON /			
TUE /			
WED /			
THU /			
FRI /			
SAT /			
SUN /			
지출 합계	원	원	
예산 잔액	원	원	

Weekly 필사

우수한 기업의 주식을 소유할 때 시간은 당신의 편이 될 것이다.

―피터 린치

투자 공부한 날 ● 1일 ● 2일 ● 3일 이상

			이번 주 결산
			원
			원
			원
			원
			원
			원
			원
원	원	원	원
원	원	원	원

  월   주

이번 주 소비 만족도 ● 만족 ● 보통 ● 아쉬움 ● 후회

항목			
이번 주 예산			
MON /			
TUE /			
WED /			
THU /			
FRI /			
SAT /			
SUN /			
지출 합계	원	원	
예산 잔액	원	원	

Weekly 필사

투자에서 가장 위험한 말은 "이번에는 다르다"이다.

— 존 템플턴

투자 공부한 날　　　　　　　　　　　　　● 1일　● 2일　● 3일 이상

			이번 주 결산
			원
			원
			원
			원
			원
			원
			원
원	원	원	원
원	원	원	원

　월　주

이번 주 소비 만족도

● 만족　● 보통　● 아쉬움　● 후회

항목			
이번 주 예산			
MON /			
TUE /			
WED /			
THU /			
FRI /			
SAT /			
SUN /			
지출 합계	원	원	
예산 잔액	원	원	

Weekly 필사

최고의 투자자는 최고의 지식을 가진 사람들이 아니라, 계획을 지키는 능력을 지닌 사람들이다.

— 모건 하우절

투자 공부한 날 ● 1일 ● 2일 ● 3일 이상

			이번 주 결산
			원
			원
			원
			원
			원
			원
			원
원	원	원	원
원	원	원	원

월   주

년　　월　　　　**월간 결산**

구분	내역	예산	실제 지출 금액	차액
고정비				
변동비				

구분	내역	예산	실제 금액	차액
저축				
투자				

결산	총수입	총지출	저축+투자	남은 돈
	원	원	원	원

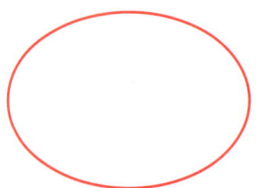

MON	TUE	WED	THU
—	—	—	—
—	—	—	—
—	—	—	—
—	—	—	—
—	—	—	—

수입	필수 지출	이번 달 예산
원	원	원

FRI	SAT	SUN	이번 달 예산	
			식비	
				원
			생활용품비	
				원
				원
				원
				원
				원
				원
				원
				원
				원

이번 주 소비 만족도

● 만족　● 보통　● 아쉬움　● 후회

항목			
이번 주 예산			
MON /			
TUE /			
WED /			
THU /			
FRI /			
SAT /			
SUN /			
지출 합계	원	원	
예산 잔액	원	원	

Weekly 필사

투자에서 가장 위험한 일은 시장의 일시적인 유행을 따르는 것이다.

— 존 템플턴

투자 공부한 날 ● 1일 ● 2일 ● 3일 이상

			이번 주 결산
			원
			원
			원
			원
			원
			원
			원
원	원	원	원
원	원	원	원

월   주

이번 주 소비 만족도　　　● 만족　● 보통　● 아쉬움　● 후회

항목			
이번 주 예산			
MON /			
TUE /			
WED /			
THU /			
FRI /			
SAT /			
SUN /			
지출 합계		원	원
예산 잔액		원	원

Weekly 필사

주식 시장에서 수익은 고통과 고생에 대한 보상이다. 먼저 고통이 오고, 그다음에 수익이 온다.

― 앙드레 코스톨라니

투자 공부한 날 ● 1일 ● 2일 ● 3일 이상

			이번 주 결산
			원
			원
			원
			원
			원
			원
			원
원	원	원	원
원	원	원	원

월 주

이번 주 소비 만족도   ● 만족 ● 보통 ● 아쉬움 ● 후회

항목			
이번 주 예산			
MON /			
TUE /			
WED /			
THU /			
FRI /			
SAT /			
SUN /			
지출 합계		원	원
예산 잔액		원	원

Weekly 필사

주식을 소유하는 것은 자식을 갖는 것과 같다. 그러니 감당할 수 있는 수준 이상으로 관여하지 말라.

― 피터 린치

투자 공부한 날　　　　　　　　　　● 1일　● 2일　● 3일 이상

			이번 주 결산
			원
			원
			원
			원
			원
			원
			원
원	원	원	원
원	원	원	원

　월　주

이번 주 소비 만족도

● 만족　● 보통　● 아쉬움　● 후회

항목			
이번 주 예산			
MON/			
TUE/			
WED/			
THU/			
FRI/			
SAT/			
SUN/			
지출 합계	원	원	
예산 잔액	원	원	

Weekly 필사

이해할 수 없는 사업에는 절대 투자하지 말라.

— 워런 버핏

투자 공부한 날 ● 1일 ● 2일 ● 3일 이상

			이번 주 결산
			원
			원
			원
			원
			원
			원
			원
원	원	원	원
원	원	원	원

월   주

이번 주 소비 만족도　　　● 만족　● 보통　● 아쉬움　● 후회

항목			
이번 주 예산			
MON/			
TUE/			
WED/			
THU/			
FRI/			
SAT/			
SUN/			
지출 합계	원	원	원
예산 잔액	원	원	원

Weekly 펄사

주가 변동을 적이 아닌 친구로 보라. 어리석음에 동참하지 말고 오히려 그것을 이용해 이익을 내라.

— 워런 버핏

투자 공부한 날   ● 1일 ● 2일 ● 3일 이상

			이번 주 결산
			원
			원
			원
			원
			원
			원
			원
원	원	원	원
원	원	원	원

월   주

년   월   **월간 결산**

구분	내역	예산	실제 지출 금액	차액
고정비				
변동비				

구분	내역	예산	실제 금액	차액
저축				
투자				

결산	총수입	총지출	저축+투자	남은 돈
	원	원	원	원

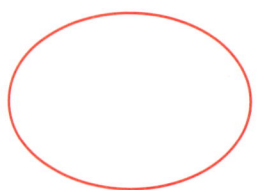

MON	TUE	WED	THU
—	—	—	—
—	—	—	—
—	—	—	—
—	—	—	—
—	—	—	—

수입	필수 지출	이번 달 예산
원	원	원

FRI	SAT	SUN	이번 달 예산
			식비
			원
			생활용품비
			원
			원
			원
			원
			원
			원
			원
			원

이번 주 소비 만족도

● 만족　● 보통　● 아쉬움　● 후회

항목			
이번 주 예산			
MON /			
TUE /			
WED /			
THU /			
FRI /			
SAT /			
SUN /			
지출 합계		원	원
예산 잔액		원	원

Weekly 필사

투자는 물감이 마르거나 잔디가 자라는 모습을 지켜보듯이 해야 한다.

— 켄 피셔

투자 공부한 날 ● 1일 ● 2일 ● 3일 이상

			이번 주 결산
			원
			원
			원
			원
			원
			원
			원
원	원	원	원
원	원	원	원

월   주

이번 주 소비 만족도

● 만족　● 보통　● 아쉬움　● 후회

항목			
이번 주 예산			
MON /			
TUE /			
WED /			
THU /			
FRI /			
SAT /			
SUN /			
지출 합계		원	원
예산 잔액		원	원

Weekly 필사

투자에서 중요한 열쇠는 주식이 복권이 아님을 기억하는 것이다.

— 피터 린치

투자 공부한 날   ● 1일 ● 2일 ● 3일 이상

			이번 주 결산
			원
			원
			원
			원
			원
			원
			원
원	원	원	원
원	원	원	원

월   주

....

....

이번 주 소비 만족도   ● 만족 ● 보통 ● 아쉬움 ● 후회

항목			
이번 주 예산			
MON /			
TUE /			
WED /			
THU /			
FRI /			
SAT /			
SUN /			
지출 합계		원	원
예산 잔액		원	원

Weekly 필사

재정적으로 앞서 나가는 유일한 방법은 버는 것보다 적게 쓰고, 차액을 현명하게 투자하는 것이다.

— 레이 달리오

투자 공부한 날 ● 1일 ● 2일 ● 3일 이상

			이번 주 결산
			원
			원
			원
			원
			원
			원
			원
원	원	원	원
원	원	원	원

월   주

이번 주 소비 만족도

○ 만족 ○ 보통 ○ 아쉬움 ○ 후회

항목			
이번 주 예산			
MON /			
TUE /			
WED /			
THU /			
FRI /			
SAT /			
SUN /			
지출 합계	원	원	원
예산 잔액	원	원	원

Weekly 필사

백만장자들은 꾸준히 저축하고 투자하는 습관을 가지고 있다.

— 토머스 J. 스탠리

투자 공부한 날 ● 1일 ● 2일 ● 3일 이상

			이번 주 결산
			원
			원
			원
			원
			원
			원
			원
	원	원	원	원
	원	원	원	원

월   주

이번 주 소비 만족도

● 만족　● 보통　● 아쉬움　● 후회

항목			
이번 주 예산			
MON /			
TUE /			
WED /			
THU /			
FRI /			
SAT /			
SUN /			
지출 합계	원	원	
예산 잔액	원	원	

Weekly 필사

억만장자들은 끊임없는 배움과 개인 성장의 중요성을 안다.

— 라파엘 배지아그

투자 공부한 날 ● 1일 ● 2일 ● 3일 이상

			이번 주 결산
			원
			원
			원
			원
			원
			원
			원
원	원	원	원
원	원	원	원

월   주

년   월   **월간 결산**

구분	내역	예산	실제 지출 금액	차액
고정비				
변동비				

구분	내역	예산	실제 금액	차액
저축				
투자				

결산	총수입	총지출	저축+투자	남은 돈
	원	원	원	원

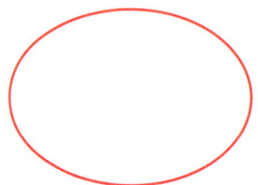

MON	TUE	WED	THU
—	—	—	—
—	—	—	—
—	—	—	—
—	—	—	—
—	—	—	—

수입	필수 지출	이번 달 예산
원	원	원

FRI	SAT	SUN	이번 달 예산
			식비
			원
			생활용품비
			원
			원
			원
			원
			원
			원
			원
			원

이번 주 소비 만족도   ● 만족 ● 보통 ● 아쉬움 ● 후회

항목			
이번 주 예산			
MON /			
TUE /			
WED /			
THU /			
FRI /			
SAT /			
SUN /			
지출 합계	원	원	
예산 잔액	원	원	

Weekly 필사

부의 시작은 마치 작은 씨앗이 자라 나무가 되는 것과 같다.

— 조지 S. 클래이슨

투자 공부한 날 ● 1일 ● 2일 ● 3일 이상

			이번 주 결산
			원
			원
			원
			원
			원
			원
			원
원	원	원	원
원	원	원	원

월   주

이번 주 소비 만족도   ● 만족 ● 보통 ● 아쉬움 ● 후회

항목			
이번 주 예산			
MON /			
TUE /			
WED /			
THU /			
FRI /			
SAT /			
SUN /			
지출 합계	원	원	
예산 잔액	원	원	

Weekly 필사

가진 것에 감사하라. 당신은 결국 더 많이 가지게 될 것이다.

― 오프라 윈프리

투자 공부한 날 ● 1일 ● 2일 ● 3일 이상

			이번 주 결산
			원
			원
			원
			원
			원
			원
			원
원	원	원	원
원	원	원	원

월   주

이번 주 소비 만족도

● 만족　● 보통　● 아쉬움　● 후회

항목			
이번 주 예산			
MON /			
TUE /			
WED /			
THU /			
FRI /			
SAT /			
SUN /			
지출 합계	원	원	
예산 잔액	원	원	

Weekly 필사

부는 인생을 충분히 경험할 수 있게 해준다.

— 헨리 데이비드 소로

투자 공부한 날 ● 1일 ● 2일 ● 3일 이상

			이번 주 결산
			원
			원
			원
			원
			원
			원
			원
원	원	원	원
원	원	원	원

월   주

이번 주 소비 만족도   ● 만족 ● 보통 ● 아쉬움 ● 후회

항목			
이번 주 예산			
MON/			
TUE/			
WED/			
THU/			
FRI/			
SAT/			
SUN/			
지출 합계		원	원
예산 잔액		원	원

Weekly 필사

주식 시장에서는 좋은 때와 나쁜 때가 번갈아 찾아온다.

— 보도 섀퍼

투자 공부한 날 ● 1일 ● 2일 ● 3일 이상

			이번 주 결산
			원
			원
			원
			원
			원
			원
			원
원	원	원	원
원	원	원	원

월   주

이번 주 소비 만족도

● 만족　● 보통　● 아쉬움　● 후회

항목			
이번 주 예산			
MON /			
TUE /			
WED /			
THU /			
FRI /			
SAT /			
SUN /			
지출 합계		원	원
예산 잔액		원	원

Weekly 필사

부는 대부분 습관의 결과다.

— 존 제이컵 애스터

투자 공부한 날   ● 1일 ● 2일 ● 3일 이상

			이번 주 결산
			원
			원
			원
			원
			원
			원
			원
원	원	원	원
원	원	원	원

월   주

년　　월　　　　**월간 결산**

구분	내역	예산	실제 지출 금액	차액
고정비				
변동비				

구분	내역	예산	실제 금액	차액
저축				
투자				

결산	총수입	총지출	저축+투자	남은 돈
	원	원	원	원

MON	TUE	WED	THU
—	—	—	—
—	—	—	—
—	—	—	—
—	—	—	—
—	—	—	—

수입	필수 지출	이번 달 예산
원	원	원

FRI	SAT	SUN

이번 달 예산

식비

원

생활용품비

원

원

원

원

원

원

원

원

원

이번 주 소비 만족도

● 만족　● 보통　● 아쉬움　● 후회

항목			
이번 주 예산			
MON /			
TUE /			
WED /			
THU /			
FRI /			
SAT /			
SUN /			
지출 합계		원	원
예산 잔액		원	원

Weekly 필사

돈은 산소와 같아서 부족해야 그 중요성을 느낀다.

— 존 소포릭

투자 공부한 날   ● 1일 ● 2일 ● 3일 이상

			이번 주 결산
			원
			원
			원
			원
			원
			원
			원
원	원	원	원
원	원	원	원

월   주

이번 주 소비 만족도

● 만족　● 보통　● 아쉬움　● 후회

항목			
이번 주 예산			
MON /			
TUE /			
WED /			
THU /			
FRI /			
SAT /			
SUN /			
지출 합계	원	원	
예산 잔액	원	원	

Weekly 필사

복잡한 투자는 피하라.

— 존 램프턴

투자 공부한 날   ● 1일 ● 2일 ● 3일 이상

			이번 주 결산
			원
			원
			원
			원
			원
			원
			원
원	원	원	원
원	원	원	원

월   주

이번 주 소비 만족도

● 만족　● 보통　● 아쉬움　● 후회

항목			
이번 주 예산			
MON /			
TUE /			
WED /			
THU /			
FRI /			
SAT /			
SUN /			
지출 합계	원	원	
예산 잔액	원	원	

Weekly 필사

부자가 되고 싶다면 크게 생각하고, 다르게 생각하라.

— 로버트 기요사키

투자 공부한 날　　　　　　　　● 1일　● 2일　● 3일 이상

			이번 주 결산
			원
			원
			원
			원
			원
			원
			원
원	원	원	원
원	원	원	원

월　주

이번 주 소비 만족도

● 만족　● 보통　● 아쉬움　● 후회

항목			
이번 주 예산			
MON /			
TUE /			
WED /			
THU /			
FRI /			
SAT /			
SUN /			
지출 합계	원	원	
예산 잔액	원	원	

Weekly 필사

나는 꾸준한 저축과 투자를 통해 큰 부를 이룬다.

— 데이브 램지

투자 공부한 날   ● 1일   ● 2일   ● 3일 이상

			이번 주 결산
			원
			원
			원
			원
			원
			원
			원
원	원	원	원
원	원	원	원

월   주

이번 주 소비 만족도

● 만족　● 보통　● 아쉬움　● 후회

항목			
이번 주 예산			
MON /			
TUE /			
WED /			
THU /			
FRI /			
SAT /			
SUN /			
지출 합계		원	원
예산 잔액		원	원

Weekly 필사

돈을 처음 만드는 것은 은행이지만, 오래 쓰는 것은 당신의 몫이다.

— 에반 에사르

투자 공부한 날 ● 1일 ● 2일 ● 3일 이상

			이번 주 결산
			원
			원
			원
			원
			원
			원
			원
원	원	원	원
원	원	원	원

  월   주

년   월   **월간 결산**

구분	내역	예산	실제 지출 금액	차액
고정비				
변동비				

구분	내역	예산	실제 금액	차액
저축				
투자				

결산	총수입	총지출	저축+투자	남은 돈
	원	원	원	원

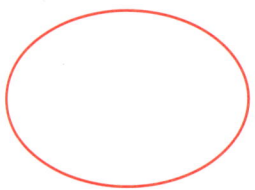

MON	TUE	WED	THU

수입	필수 지출	이번 달 예산
원	원	원

FRI	SAT	SUN	이번 달 예산
	—	—	**식비**
			원
			생활용품비
			원
	—	—	
			원
			원
	—	—	
			원
			원
	—	—	
			원
			원
	—	—	
			원
			원

이번 주 소비 만족도

● 만족　● 보통　● 아쉬움　● 후회

항목			
이번 주 예산			
MON /			
TUE /			
WED /			
THU /			
FRI /			
SAT /			
SUN /			
지출 합계		원	원
예산 잔액		원	원

Weekly 필사

어떤 손실도 회복하려고 애쓰지 말라. 하나의 손실을 그대로 끝내는 것이 가장 현명한 방법이다.

— 앤드루 카네기

투자 공부한 날   ● 1일 ● 2일 ● 3일 이상

			이번 주 결산
			원
			원
			원
			원
			원
			원
			원
원	원	원	원
원	원	원	원

월   주

이번 주 소비 만족도   ● 만족 ● 보통 ● 아쉬움 ● 후회

항목			
이번 주 예산			
MON /			
TUE /			
WED /			
THU /			
FRI /			
SAT /			
SUN /			
지출 합계	원	원	
예산 잔액	원	원	

Weekly 필사

돈에 대해 신중하지 않으면 결코 많은 돈을 벌 수 없을 것이다.

— 그랜트 카돈

투자 공부한 날　　　　　　　　　　● 1일　● 2일　● 3일 이상

			이번 주 결산
			원
			원
			원
			원
			원
			원
			원
원	원	원	원
원	원	원	원

　월　주

이번 주 소비 만족도

● 만족　● 보통　● 아쉬움　● 후회

항목			
이번 주 예산			
MON /			
TUE /			
WED /			
THU /			
FRI /			
SAT /			
SUN /			
지출 합계		원	원
예산 잔액		원	원

Weekly 필사

부의 가장 긍정적인 형태는 매일 아침 "오늘은 내가 원하는 무엇이든 할 수 있다"라고 말할 수 있는 것이다.

― 모건 하우절

투자 공부한 날 ● 1일 ● 2일 ● 3일 이상

			이번 주 결산
			원
			원
			원
			원
			원
			원
			원
원	원	원	원
원	원	원	원

월   주

이번 주 소비 만족도

● 만족 ● 보통 ● 아쉬움 ● 후회

항목			
이번 주 예산			
MON /			
TUE /			
WED /			
THU /			
FRI /			
SAT /			
SUN /			
지출 합계		원	원
예산 잔액		원	원

Weekly 필사

최고의 투자 성과는 다른 사람들이 간과하고 있는 것을 찾는 데서 온다.

— 존 템플턴

투자 공부한 날 ● 1일 ● 2일 ● 3일 이상

			이번 주 결산
			원
			원
			원
			원
			원
			원
			원
원	원	원	원
원	원	원	원

월   주

이번 주 소비 만족도

● 만족　● 보통　● 아쉬움　● 후회

항목			
이번 주 예산			
MON/			
TUE/			
WED/			
THU/			
FRI/			
SAT/			
SUN/			
지출 합계		원	원
예산 잔액		원	원

Weekly 필사

궂은 날을 대비해서 저축하지 말고, 즐거운 날을 위해 혹은 경제적 자유를 누릴 그날을 위해 저축하라.

― T. 하브 에커

투자 공부한 날 ● 1일 ● 2일 ● 3일 이상

			이번 주 결산
			원
			원
			원
			원
			원
			원
			원
원	원	원	원
원	원	원	원

월   주

년   월   **월간 결산**

구분	내역	예산	실제 지출 금액	차액
고정비				
변동비				

구분	내역	예산	실제 금액	차액
저축				
투자				

결산	총수입	총지출	저축+투자	남은 돈
	원	원	원	원

지난 6개월간 투자 돌아보기

상품 종류	투자 시작월	투자금	현재 가치	손익	상태 (보유/ 매도)

MEMO

지난 6개월간 총투자금	원

가장 만족한 투자와 그 이유

가장 아쉬웠던 투자와 그 이유

앞으로의 투자 방향

목표 달성 확인하기

구분	재정 목표	목표 금액
저축		
투자		
부채		

현재 금액	달성률(%)	메모

1년 결산

월	수입 합계	지출 합계	저축 합계	투자금 합계

TIP

이때 '투자금 합계'는 평가 손익을 반영하지 않은 '투자 원금 합계'를 적으세요. 손익은 '총자산'에 반영해 적어주세요. 그러면 매달 실제 투자한 금액을 한눈에 볼 수 있어, 올해 투자에 얼마나 자금을 운용했는지 바로 확인할 수 있습니다.

금융소득 (배당, 이자)	총자산	부채	순자산 (총자산-부채)

TIP

순자산이 잘 늘지 않는다면 먼저 부채를 점검해보세요. 아무리 저축을 꾸준히 해도 빚을 갚는 속도가 더디면 순자산은 쉽게 늘어나지 않습니다. 이럴 땐 저축만 늘리는 것보다, 금리가 높은 빚부터 줄여나가는 게 훨씬 효과적입니다.

생애 주기표

년도			
나이			
이벤트 및 필요 자금			
목표 자산			

년도			
나이			
이벤트 및 필요 자금			
목표 자산			

다른 사람들이 탐욕을 부릴 때는
두려워하라.

다른 사람들이 두려워할 때는
욕심을 내라.

― 워런 버핏

소비하기 전에 벌라.
투자하기 전에 조사하라.
비판하기 전에 기다리라.
포기하기 전에 시도하라.
은퇴하기 전에 저축하라.
죽기 전에 기부하라.

― 윌리엄 A. 워드

PLAN FOR
TOMORROW

1판 1쇄 인쇄 2025년 10월 2일
1판 1쇄 발행 2025년 10월 21일

지은이 로또맘
발행인 김태웅
책임편집 박지혜					**기획편집** 이미순, 이슬기
디자인 STUDIO 보글
마케팅 총괄 김철영				**마케팅** 서재욱, 오승수
온라인 마케팅 박예빈				**인터넷 관리** 김상규
제작 현대순						**총무** 윤선미, 안서현
관리 김훈희, 이국희, 김승훈, 최국호

발행처 ㈜동양북스
등록 제2014-000055호
주소 서울시 마포구 동교로22길 14(04030)
구입 문의 (02)337-1737			**팩스** (02)334-6624
내용 문의 (02)337-1763			**이메일** dymg98@naver.com

ISBN 979-11-7210-999-8 13590

ⓒ 2025, 로또맘 All rights reserved.

• 이 책은 저작권법에 의해 보호받는 저작물이므로 무단 전재와 무단 복제를 금합니다.
• 잘못된 책은 구입처에서 교환해드립니다.